U0513833

李纲传

何圣庠 著

上海古籍出版社

图书在版编目(CIP)数据

李纲传 / 何圣庠著. —上海：上海古籍出版社，
2017.6

　ISBN 978‐7‐5325‐8449‐9

　Ⅰ.①李… Ⅱ.①何… Ⅲ.①李纲(1083—1140 年)
—传记 Ⅳ.①K827＝442

中国版本图书馆 CIP 数据核字(2017)第 105766 号

李纲传

何圣庠　著

上海世纪出版股份有限公司
上海古籍出版社　出版
(上海瑞金二路 272 号　邮政编码 200020)

(1)网址：www.guji.com.cn

(2)E‐mail：guji1@guji.com.cn

(3)易文网网址：www.ewen.co

上海世纪出版股份有限公司发行中心发行经销

常熟新骅印刷有限公司印刷

开本 850×1168　1/32　印张 5.875　插页 8　字数 99,000

2017 年 6 月第 1 版　2017 年 6 月第 1 次印刷

印数：1—3,100

ISBN 978‐7‐5325‐8449‐9

K·2326　定价：28.00 元

如有质量问题,请与承印公司联系

　　何圣庠，福建邵武人。曾任邵武市博物馆馆长、市宗教事务局副局长、市政协委员等职务。曾发表《邵武地名溯源》《李纲的乡里·出生地考》等学术论文。

"民族英雄李纲"石像

李纲纪念馆

李纲墓

李纲著作《梁溪全集》

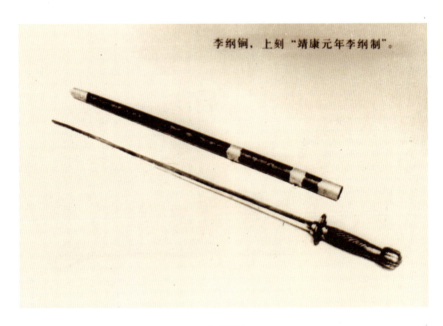

李纲锏，上刻"靖康元年李纲制"。

李纲锏

目　录

前　言

李纲，字伯纪，号梁溪，谥忠定，史称其出将入相，为南渡第一名臣。北宋末、南宋初，金兵南犯，宋金对峙，南北分裂，社稷临危，他始终关心国家的前途、民族的命运，"谠论正言，形诸奏牍。当南渡之际，立朝守正，风节凛然，捍大难于仓卒，定危疑于倾刻"[①]。他坚决反对女真贵族的掠夺战争，主张消弭民族压迫；为维护民族尊严，实现祖国统一，他不顾个人荣辱安危，与主和派作不懈的斗争，却遭到宋钦宗赵桓、宋高宗赵构的迫害和打击，贬谪边陲，弃之不用，而他的爱国之志，"终有不可得而夺者，是亦可谓一世之伟人矣"[②]。邵武、建瓯、沙县、福州、海南岛等地，先后建有李纲祠庙以祀之；清咸丰三年（1853年）三

---

① 《（咸丰）邵武县志》卷九《祠庙》录礼部《奏请李忠定公从祀文庙折》，清咸丰五年版。

② 《（咸丰）邵武县志》卷九《祠庙》录朱熹《李忠定公祠记》。

月十四日，女真族的后裔、清文宗奕詝诏谕："以李纲从祀文庙"，"敦崇风教"①。1983年，邵武县人民政府拨了专款，修缮李忠定公祠，竣工后辟为"李纲纪念馆"。

---

① 《(咸丰) 邵武县志》卷九《祠庙》。

第一章　家世、科举、入仕

关于李纲的籍贯，在他撰写的《谢落职依旧宫祠鄂州居住表》[1]一文中，自称是"闽海冷族"；在《经过邵武军乞往祖茔展省奏状》[2]一文中，又说："邵武军系臣乡里。"《（嘉靖）邵武府志》卷一一《李忠定公世家》记载："李纲，字伯纪，邵武庆亲里人，其先来自光州固始（今河南固始县），世居无锡。"李纲落籍邵武的原因，李纶（李纲二弟）撰《（李纲）行状》曰："公讳纲，字伯纪，邵武军邵武县八龙乡庆亲里（该地今称邵武市水北乡一都村李家湾[3]）人也。其先系出有唐，有以宗室为建州刺史，卒官，因家焉。国朝（北宋）太平兴国四年（979年），析建州置邵武军，故

---

① （明）李喦如辑《宋李忠定公奏议选》卷七，建宁崇本堂藏板。

② 《宋李忠定公奏议选》卷八。

③ 见何圣庠、傅唤民《李纲的乡里、出生地考》，《福建论坛》（文史哲版）1986年第2期，第28页。

为邵武人。"[①]据有关史籍记载，李纲的祖籍在光州固始县，世居江苏无锡，落籍于福建邵武，其前后变迁始末，应从"闽国的建立"[②]说起。早在唐乾符二年（875年），冤句（今山东菏泽）暴发黄巢农民起义。乾符五年三月以后，义军挥师南下，从浙江东部进入福建。次年，黄巢由福建趋岭南，转战各地，后北上中原，攻下长安。此时，中原地区的百姓，纷纷揭竿而起，组织农民起义军，投入反唐行列。中和元年（881年），淮河上游有位屠夫，名称王绪，组织一支农民军，相继攻下寿、光两州，后向蔡州防御使秦宗权投降，唐朝廷授王绪为光州刺史。当时，光州固始县佐史王潮，其弟王审邽、王审知，均以才气而知名，被王绪收用在义军中，王潮担任军正职务，从事"典资粮、阅士卒"的工作。不久，秦宗权由防御使迁为节度使后，对部属勒索无厌、滥杀无辜，导致内部分裂。光启元年（885年）正月，王绪被迫率部五千人，并强迫当地吏民，从光州固始县渡江南迁。王潮兄弟三人也在军中。王绪这支义军，纪律松散，沿途劫掠，得不到百姓支持。同时，王绪对部属也是十分忌刻，滥杀无辜，弄得军中人人自危。光启元年

---

① （明）李暐如辑《宋李忠定公文集选》卷二《行状》上，建宁崇本堂藏板。

② 朱维幹著《福建史稿》上，第142页，福建教育出版社1986年。

八月，这支队伍抵达福建南安时，王潮兄弟三人发动兵变，杀掉王绪，军心大振、人心大快，全军将士便拥护王潮为统帅。从此，这支军队经王潮整肃后，纪律森严，对老百姓秋毫无犯。次年，王潮攻下泉州，杀了贪暴的泉州刺史廖彦若，"招怀离散，均赋缮兵，吏民悦服"①。于是，经福建观察使陈岩的推荐，唐朝廷任命王潮为泉州刺史。不久，陈岩病故，其继承人贪暴，不得人心，景福元年（892年），王潮以从弟王彦复为都统、王审知为都监，出兵攻下福州，随之又占据建州（今福建建瓯县）。乾宁元年（894年），王潮已占领闽中五州之地，唐昭宗李晔迁王潮为福建观察使。两年以后，福州建制升为威武军，唐朝廷再迁王潮为威武军节度使，从而奠定了闽国的基础。王潮在职四年，临终遗命由王审知为继承人。唐末，朝廷改授王审知为威武军节度使、福建观察使，并封他为琅琊王。后梁初，梁太祖朱温封王审知为闽王。王潮、王审邦和王审知三兄弟，籍贯在光州固始县，自王潮"入闽以后，有数不尽的固始同乡，在福建落籍"②。当时，李纲的祖先也在其中。杨时撰《李修撰墓志铭》云："公讳夔（李纲的父亲），字斯和，

---

① 朱维幹著《福建史稿》上，第145页。

② 朱维幹著《福建史稿》上，第147页。

其先江南人。唐末避乱，徙家邵武，故为邵武人。"①

落籍于邵武的李纲先人，始于那一代？史籍记载不明确。李纶撰的《（李纲）行状》，仅说其先人是唐太宗李世民的后裔，被派遣至建州任刺史，其家眷定居在邵武县八龙乡庆亲里。《（嘉靖）邵武府志》卷一一《李忠定公世家》云：李纲的"五世祖（名无考）居邵武，仕闽，官至尚书；高祖（名无考）位司徒"。杨时撰《李修撰墓志铭》记载：李纲的高祖父称李待，"仕闽以武力显"②。太保二年（945年）八月间，南唐军队攻下建州，王审知之子王延政投降③。"闽国"灭亡后，李待便"退处田野"④，携带家眷定居在邵武县八龙乡庆亲里。死后，没留下多少家业。曾祖父李僧护、祖父李赓，"皆隐德不仕"，"行义为乡闾所宗"⑤。这两代人闲居在家，坐吃山空，生计日趋艰难。祖母黄氏，资政殿大学士黄履的姊姊，邵武故县人；继祖母饶氏。在庆历六年（1046年），黄氏生下一子，取名李夔，字斯和，即李纲的生父。不久，黄氏病故，年幼的李夔失学在家。

李纲的舅祖父黄履，字安中，嘉祐元年（1056年）"释

---

① 杨时《龟山集》卷三二，四库全书本。
② 杨时《龟山集》卷三二。
③ 朱维幹著《福建史稿》上，第147页。
④ 杨时《龟山集》卷三二《李修撰墓志铭》。
⑤ 《宋李忠定公文集选》卷首二《行状》上。

褐第一"①，积官御史中丞。黄履"擢第归"②故里后，在探视亲朋故旧之际，看见外甥李夔年幼聪明，极为器重，收养在家，带在身边，宦游各地，"诲诱养育如己子"③，亲自教他认字读书。李夔在舅父黄履教育下，勤奋好学，博览群书，"自是于六经诸子百氏之书，下至毛郑笺传"，"凡耳濡目染，过即成诵"。经过数年努力，李夔"学日进，文日益有名"，不少文人学士对他十分敬慕，主动与他结交。不久，时值朝廷"以经术造士"，李夔"逮居上庠"，随之"初补监生，洎选内舍，皆第一"。"其后预大府荐，及试南省，皆第二"④。元丰二年（1079 年），李夔中进士，授职秀州华亭（今上海市松江区）尉。不久，娶秀州司理参军吴彦申姊姊吴氏为妻⑤。生子四人，李纲为长；次为李维，官至浙东提点刑狱；李经，官至通仕郎；李纶，官至奉议郎、洪州通判。生女三人。

元丰六年（1083 年）正月十二日⑥，在秀州华亭官舍，李纲呱呱坠地。相传，李纲诞生这天，其故里的上寺庙门

---

① 《重修邵武府志》卷一九《人物列传·黄履》，清光绪刻本。
② 杨时《龟山集》卷三二《李修撰墓志铭》。
③ 《宋李忠定公文集选》卷一五《祭黄大资政墓文》。
④ 杨时《龟山集》卷三二《李修撰墓志铭》。
⑤ 《梁溪集》卷一六九《故南昌县丞吴公墓志铭》，四库全书本。
⑥ 《宋李忠定公年谱》，清同治丙寅遐憩山房刻本。

口，一座泥塑金刚菩萨倒塌了，故有民谚："上寺倒了金刚，下寺出了李纲。"据传，李纲身材魁梧，相貌威严，"形神超异"①，人们以"纲"、"刚"两个同音字，编为神话故事，说他是"金刚菩萨下凡投胎"（邵武民间传说）。

次年，李夔继母饶氏夫人病故，他携着家眷返籍，在故里居忧三年。服满，调任松溪（今福建松溪）县尉兼主簿。当时，观文殿大学士吕惠卿降职为知建州（福建建瓯），每当看到李夔拟的公文，"奇之"②，十分赞赏其文才。

李纲的母亲吴氏，处州龙泉（今浙江龙泉）人；外祖父吴桓，赠奉议郎、知湖州；外祖母鲍氏，金华县（今浙江金华市）人；舅父吴彦申，字圣时，政和二年（1112年）中进士，积官至南昌（今江西南昌市）县丞。吴氏出身在书香门第，知情达理，为人贤淑，相夫教子，为"中外所仰"③。她对李纲十分钟爱，期望儿子长大后，能光宗耀祖。因此，李纲自幼由吴氏教他认字，指点为人处世的道理。

李夔在松溪任职秩满，调任池州（今安徽贵池）军事推官，李纲随母抵达金华，寄居外祖母家中。

赵宋立国以来，民族矛盾尖锐复杂。居住在河北、内

---

① 《（咸丰）邵武县志》卷一四《名贤·李纲》。
② 杨时《龟山集》卷三二《李修撰墓志铭》。
③ 《宋李忠定公文集选》卷首二《行状》上。

蒙等地的契丹族，立国为辽国；在甘肃境内的党项族立国为西夏。辽与西夏贵族，不断向北宋发动战争，无能的北宋王朝，不但不练兵备武，奋起抗战，却奉行"妥协、退让"政策，每年，输与辽岁币银三十万两，绢二十万匹；输与西夏岁币绢十三万匹，银五万两，另在各种节日里赐银两万两、银器二千两，绢、帛、衣着等两万三千匹，茶叶一万斤，借以换取苟安。于是，北宋与西夏、辽国的边境，一度安宁。至元祐年间，西夏党项族贵族，再度侵掠北宋。绍圣元年（1094年），北宋朝廷急忙调"故观文殿大学士吕惠卿帅鄜延"，率兵镇守延安，抗击西夏。绍圣二年，经吕惠卿推荐，李夔调至延安，"辟鄜延帅幕"①。年仅十四岁的李纲，随父抵达任所；其母亲和弟、妹，留居金华。

当时的延安，是北宋的西北边陲，又是政治、军事重镇，经常遭到西夏军队侵扰。由于军情急迫，李夔到任后，参与筹划军政事务，在守边御敌中，显示出卓越的军事才能。杨时在《李修撰墓志铭》一文中云："（李夔）至延安，未逾月，适夏人倾国入寇，号百万，人心危栗，公（指李夔）徐为吕公（指吕惠卿）陈方略，一路赖以完。及米脂之役，工未毕，谍言贼兵十余万且至，诸将弃城而遁。公

① 杨时《龟山集》卷三二《李修撰墓志铭》。

（指李夔）曰：'彼众我寡，去将安之？是速死尔。不若按兵勿动。城虽未完，冒以楼橹，彼将以我为有备，必不敢进。兵法所以使敌人疑者，正谓此也！'诸将然之。卒如所料。凡筑殄羌、威羌等十余城，未尝不在其间。其后，奉进筑图至阙下，因上五议，欲使诸路乘虚互出，以伐其并兵之谋，进取横山，断其右臂，参用唐、汉实边转输之术，申命州郡，广招置之法，为足食足兵之计，惩西北辅车相依之势，以备不虞。识者以为切中边事之要。"①

李夔军务虽忙，每日总挤出时间，指导李纲学习经书义理，讲述为国效力的哲理，灌输忠君爱国思想；闲暇时，带着李纲登高望远，指点河山，说明那些地方可作战场，什么地形可以设埋伏，哪些关隘是兵家必争之地。同时，指点他阅读一些兵书，让李纲去观看宋兵操练、布阵、设伏，制造火药、军械。在这种环境中，李纲耳濡目染，学到不少政治、军事知识。

西夏军队杀戮百姓，劫掠财物，驱掳妇女，焚毁屋舍，数百里的西北边境，村落凋残，人烟绝灭，李纲目睹这一惨景，渴望自己能有破敌之术、杀敌武技。在延安期间，他刻苦攻读，操练武功，决心从戎报国。

---

① 杨时《龟山集》卷三二《李修撰墓志铭》。

当时，北宋边陲城镇，有个传统规定：一旦城池被敌兵围攻，凡是敢登城陴的人，可以日计功受奖。但是，李纲与众不同，登城不希望受奖，其目的是为了锻炼胆识，于是，他"时时骑绕城上，示无所畏"[①]。使不少纨绔子弟感到羞愧。时人赞他自"幼有经伦倜傥之志节，形神皆超爽，器识绝人，举动必于规矩法度"[②]。

因镇守边关、抗击西夏入侵有功，李夔被迁为签书平江（今江苏苏州市）军节度判官厅公事[③]，李纲又随父南下。多年以来，他辗转南北，经实地考察，对中原、西北地区的民情、敌情、地理形势了如指掌，谙晓兵家利害，为日后在东京保卫战中，击退金兵，取得军事上的胜利打下基础。

李纲抵达平江以后，经父亲指点、启发，省悟要实现为国效力的抱负，必定要走科举之路。因此，他进入平江府学，刻苦攻读典籍，准备应试。建中靖国元年（1101年），李夔迁任太学博士，正准备入京任职，但在正月初七日，吴氏病故，三月十八日，葬于常州无锡（今江苏无锡市）县开元乡历村湛岘山之原。李纲留在无锡居忧。

---

① 《宋李忠定公文集选》卷首二《行状》上。
② 《（嘉靖）邵武府志》卷一一《李忠定公世家》。
③ 杨时《龟山集》卷三二《李修撰墓志铭》。

崇宁三年（1104年），李纲随父入京，进入国子学攻读，"补国子监生第一"①。当年，娶直龙图阁张根长女为妻。岳父张根，鄱阳人，赠左紫金光禄大夫，系黄履的女婿。张氏系李纲的表妹。

大观二年（1108年），经李夔友人推荐，李纲出任真州（今江苏仪征、六合等县）司法参军。从此开始，他独立生活，走向社会，接触百姓，观察江南民情。在真州任职四年中，他不仅涉猎北宋的法令、典章和兵刑大政等学识，还了解到官场中一些秘闻，意识到当权者昏庸、腐败。

政和二年（1112年），李纲再度进京，中了乙科进士，授职相州（今河北成安、广平西南部）州学教授。两年以后，奉命进京，迁任国子正；同年十二月，授职尚书考功员外郎。政和五年九月，迁为监察御史兼殿中侍御史。李纲任台职刚一个月，看到官风不正、裙带关系成风，深感不满，直言抨击时弊，"以论内侍建节及宰相任用堂候官从官入朝，以笏击其下凡三事，忤权贵，罢言职"②。同年十一月，降为尚书比部员外郎。

---

① 《宋李忠定公年谱》。
② 《宋李忠定公文集选》卷首二《行状上》。

第二章　直言论政

重和元年（1118 年），朝廷迁李纲为起居郎兼国史编修官。官居闲职，使他有充分时间在崇文院学习。北宋的崇文院，系国家藏书的地方。北宋初期，沿用五代时期的三馆，即昭文馆、集贤馆、史馆。但因房子简陋狭窄，宋太宗赵光义即位后，重建宽敞壮丽的三馆，赐名"崇文院"，把旧三馆的图书，全部迁至这里。嗣后，又在崇文院修建一座秘阁，收藏从各地书库中挑选出来的善本和珍贵书画。至宋仁宗赵桢时，曾以崇文院藏书，编了一部《崇文总目》。到宋徽宗赵佶时，该院藏书数最多，共计 6705 部、73877 卷[①]。李纲充分利用这里的丰富资料、优越的学习条件，如饥似渴地阅读。

李纲是位进入仕途的知识分子，他勤奋好学，刻苦钻

---

① 单远慕著《开封史话》，第 34 页，中华书局 1983 年。

研，以史为鉴，以求实施自己的抱负。他参与编修国史过程中，看到不少史料记载：北宋外有辽国、西夏的威胁，内有冗兵、冗官、冗费三大公害。自宋真宗赵恒以来，每年赋税收入用于养官、养兵及给辽、西夏的岁币，朝廷又侈靡挥霍，导致了国家财政危机。这一危机，正在持续发展，不少有识之士，曾提出挽救危机的办法，具有代表性的有王禹偁的"五事"、宋祁的"三冗三费"、范仲淹的"新政"，文彦博的"省兵"、王安石的"万言书"等。宋徽宗赵佶执政时，北宋财政支出金额比宋初增长十倍，财政面临崩溃。对此，李纲十分忧虑。为了挽救危机，李纲仔细阅读、摘录史料，借鉴历史经验教训，撰写了《理财论》①（上、中、下）。

《理财论》

北宋末期，"邦用之所以匮，我知之矣"②。原因是宋徽宗赵佶，是位信奉道教，擅长书画、蹴鞠，对理国一无所知的帝王。自建中靖国元年（1101年），赵佶登上皇位后，重用蔡京、王黼、童贯、朱勔、杨戬、高俅、李彦等人，

---

① 《宋李忠定公文集选》卷十。
② 《宋李忠定公文集选》卷十《理财论》下。

大肆搜刮民脂民膏，尽情地侈靡挥霍。为了防范百姓的反抗，建立庞大的官僚机构，豢养大批军队。于是，从"科举取士越来越多"[①]；发展到"恩荫"更滥。凡是贵族、赵氏宗室和官僚的子孙、亲属、姻亲甚至门客，均以恩荫授官，发展到"入粟免试注官"[②]。宋徽宗赵佶公然卖官鬻爵，宰相蔡京上行下效，"视官爵财物如粪土"，肆无忌惮地拍卖官爵，他"拔用从官，不论途辙，一言合意，即日持橐[③]。赵佶的亲信宦官童贯、梁师成、朱勔等人，受贿卖官更加露骨，"凡所请求，皆有定价"[④]。于是，从朝廷至州县，官吏人数，急趋增加。为了对辽国、西夏战争，镇压农民的反抗，不断补充兵员，禁兵从宋初十九万三千人，增至到一百二十五万九千人。用于养官、养兵的费用，由宋初每年支出一百五十万缗钱，增加了十倍。由于"爵禄滥，而冗食多，耗蠹使然"。

北宋末期，"每患财用之不足者"，每年国家的收入，"宰执不任其责，朝廷不知其数"。宋徽宗赵佶不仅不"罢去烦费，而量入以为出"，却反其道而行之，集中前代"刻

<hr>

① 蔡美彪等主编《中国通史》第五册，第 120 页。
② 《宋史》卷一九《徽宗纪一》。
③ 《宋史》卷四七二《蔡京传》。
④ 《宋史》卷一五九《选举五》。

剥之法"①，对百姓横征暴敛。宋徽宗赵佶依仿三司条例司旧例，设置"讲议司"，讨论各项法令制度，由太宰蔡京任提举，打起绍述神宗改革的旗号，但方田法由原来抑兼并的法令，变为对人民群众的敲诈剥削。虽然恢复免役法，但后来又增加各种名目的雇役钱，任意勒索百姓。在崇宁元年（1102 年），先恢复旧时的榷茶法，禁止私人贩茶，设官场专卖。崇宁四年，又罢官场，允许商人向园户买茶贩卖，由官府"抽盘"（抽税）后批给"茶引"。从此，朝廷每年的茶税，从原来三十三万余贯，增加到四百余万贯，其中以一百万贯专供"御用"。随之，又改钞盐法，由商人先向朝廷出钱买盐钞，盐钞屡次变易，朝廷获利，大小商人亏损，最终转嫁给老百姓。同时，任用宦官杨戬设立"西城括田所"，在各地"括公田"达三万多顷。宋徽宗赵佶根据《周礼》记载，建造专供祭祀的"明堂"。这项工程规模宏大，每天有万名工匠服役，用铜二十万斤，铸造九个大鼎，饰上黄金，建造九座大殿安放。随之又在皇宫附近，再建"延福宫"，由宦官童贯等五人，统领工匠，分别各造一区，互不沿袭，"各视力所致，争以侈丽高广相夸尚"②。各区之间，再建殿阁亭台，凿池修泉，布满奇花异石，雕梁画栋，

---

① 《宋李忠定公文集选》卷十《理财论》。
② 《宋史》卷四七二《蔡京传》。

高楼邃阁，不可胜计。同时，开凿一条人工河，取名景龙江，在江边模仿余杭凤凰山的式样，堆成人工山，取名万寿山（后更名艮岳），山峰高达九十多尺，周围十余里。上述几项工程，所用的大石、材料，均由各地限期运来，山上又建造亭、馆、楼、台，穷奢极丽。崇宁元年（1102年），在苏、杭设置造作局，由童贯主管，每天役使几千名工匠，为皇室造作牙角、金玉、竹藤、织绣等各种奢侈品，所用的原料，向当地民间征敛。崇宁四年（1105年），又设苏杭应奉局，由宦官朱勔统管，搜括东南奇花、异石和竹木（通称"花石纲"），运至东京，供宋徽宗赵佶玩赏。同时，又置御前生活所、营缮所等机构，专供朝廷、皇室享乐。大学士蔡攸曾向宋徽宗赵佶进言："人主当以四海为家，太平为娱；岁月几何，岂徒自劳苦！"[①]宋徽宗赵佶很欣赏这句话，终日与蔡京、王黼一伙人"相为诞谩"、"日行无稽"[②]。每年，在各种节日中，聚集文武百官，大摆酒宴，表演各种乐舞、百戏、杂剧，享乐办法层出不穷。为了宠络亲信大臣，经常赐给豪华宅第，每座宅第造价达百万贯。宋徽宗赵佶如此挥金如土，其亲信大臣也不逊色。宰相蔡京过生日，各地官府均要"贡献"大宗礼物，称"生辰

① 《续宋编年资治通鉴》卷一六《宋徽宗》，四库全书本。
② 《宋史》卷二二《徽宗本纪四》。

纲";蔡京住宅宽敞豪华、花园内植树如云;其生活享用同样侈靡,做碗羹,要杀数百只鹌鹑,留一次讲议司官员吃饭,单是蟹黄馒头一项,花费一千三百多贯。宦官童贯家中,金币宝玉堆积如山。朱勔占有的甲第名园,遍布吴郡(今江苏苏州市)。大学士蔡攸和翰林学士王黼,在宫中着短衫、窄裤,涂抹青红,与艺人戏笑取乐①。北宋君臣,整日醉生梦死、挥霍无度,是"虚国罢民之本"②。李纲针对北宋弊端,借鉴历史上正反经验教训,呼吁朝廷不要仿效秦二世胡亥,对老百姓"收大半之赋,头会箕敛",应该学习汉文帝刘恒,过着"恭俭"生活,当"国用富饶,往往弛租税,以宽民力"。为了使北宋"可以民不加赋,而国用足",李纲要求宋徽宗赵佶学会理财,亲自掌握国家每年赋税收入数额,对于"天子、后妃赐予,游燕玩好之费,官吏廪禄、祭祀、宾客军旅调度"、"河防、边计、营缮、力役舆夫水旱不时之资",必须控制在一定数额之内。"罢去烦费,而量入以为出"。其二,朝廷应裁减冗官,"清入仕之源",把好科举取士关,制止荫封泛滥、废除"入粟免试注官"。这还可促使现有官吏不至于失职。其三,"耗蠹邦用者,其

---

① 宋徽宗赵佶挥霍享乐这节史料,取自蔡美彪等著《中国通史》第五册,第194—202页。

② 《宋李忠定公文集选》卷十《理财论》下。

源有五，一曰营缮、二曰花石、三曰制造、四曰力役、五曰赐予"[1]，靡费国家财力，应该裁损罢省。其四，李纲认为山和海有取之不尽、用之不竭的财富，希望宋徽宗赵佶拟定政策，轻赋薄税，让老百姓"煮海、采山、铸钱"，可使国家富裕。李纲极力主张垦拓荒山，种植茶叶，以增加国家财税收入。

在探索挽救北宋经济危机时，李纲虽然有些独特见解和措施办法。但是，因为位低职微言轻，无法进奏。

论水灾罢言职

宣和元年（1119 年）六月上旬，中原地区普降暴雨，导致黄河泛滥，千里华北平原洪浪滔滔。北宋首都东京（河南开封市）位于黄河南岸，此时亦被洪水围困，李纲亲抵郊外，调查灾情，目睹洪峰巨浪，自西直泻东南，汴河、五丈河等大小溪流，已超过警戒线；低洼地段，全被洪水淹没，民居倒塌，洪水"漂溺民畜，损伤苗稼，不可以数计"[2]，黎民百姓，挣扎在死亡线上，宋徽宗赵佶却不"恤

---

[1] 《宋李忠定公文集选》卷十《理财论》下。
[2] 《宋李忠定公奏议选》卷一《论水便宜六事奏状》。

民隐",仍然"搜括四方水土珍奇物品"[①],挥霍天下财富,致使民怨沸腾。但是,无人敢于揭露时弊。李纲虽然位低职微,却抱着一颗爱国赤忱之心,奋不顾身"以殉国家之急",冒着越职之罪,在六月十三日,向朝廷奏进《论水灾事乞对奏状》。

李纲在奏疏中指出,大宋立国一百六十年间,"未有变故"。但是,这次灾情,来得突然,"以积水暴集,浸浸民居,迫近都城",人心惶惶,全国震惊。国难当头,宋徽宗赵佶应该吸取教训,"博询众谋";在朝廷中大小官吏也应"竭智效力"、"捐躯报国"。遗憾的是,连日以来,北宋君臣,对灾情不闻不问,仍然取乐。因此,李纲警告朝廷说:"变异不虚发,必有感召之因。"他认为当务之急,朝廷应该"特诏在廷之臣,各具所见",献计献策,同舟共济,挽救危机;同时,他要求宋徽宗赵佶,"分遣官吏,固护堤防,拯济漂溺",赈济灾民,稳定人心,警惕盗贼与外患。由于形势严峻、时间紧迫,李纲"辄有己见,急切利害事",要求宋徽宗赵佶接见,当面陈述救灾意见。

翌日,在崇政殿朝会上,宋徽宗赵佶看了《论水灾事乞对奏状》,十分恼怒,传旨让李纲先退,"居家待罪"。

---

① 蔡美彪等编《中国通史》第五册,第202页。

李纲"居家待罪，不敢供职"，心情"惶惧战栗"。但是，经反思，认为自己没有私心，而是忠于职守，能"以国家为心，见积水暴集，逼迮都城，私忧过计，辄贡狂瞽，情迫意切"，于是鼓起勇气，又奏进《论水便宜六事奏状》，再次提醒宋徽宗赵佶，这次水灾来得突然，"人心惶惶，远迩震惊"[①]，不应等闲视之，应"益以修省"。为了根除灾害，李纲有六条意见。

一是治其原。东京地处千里平原之中，地势自西向东倾斜，"非有高山峻岭为之阻"；东京城池以西，"京索交流，陂泽相接"，是个水网区域；汴河、五丈河等大小溪流，贯城而过。在这种自然环境中，每遇暴雨，便会泛滥成灾，京城安全受到威胁。因此，李纲请求朝廷派人检查各地"陂塘"、"疏导京索，增卑培薄，固以堤防，节以斗门"。这些水利设施，一旦建成后，可以为"万世之利"，遇旱有水灌田，遇涝可以蓄水防洪。

二是折其势。就是距京城数里之外，修筑一条长堤，以抵御洪峰巨浪，缓解一时之急，确保城池和城内百姓的安全。

三是固河防。近年以来，负责监护黄河堤岸的官吏，

---

① 《宋李忠定公奏议选》卷一《论水便宜六事奏状》。

玩忽职守，把"护卫之卒散于抽差，备御之储耗于转易"，河道无疏通，堤岸长久失修，随时会被洪水冲倒。因此，朝廷应颁布守护黄河法规；派遣"深知河事者"，探测地形，检查堤岸，疏通河道，派兵留守，储备防洪材料，严惩抽差转易者，确保黄河堤岸安全。

四是恤民隐。李纲认为这次灾情严重，"则数千里之内，悉被其患矣"，为了解救灾民，朝廷应诏令受灾州县，蠲免今年秋租；当洪水过后，"安集民居，借贷赈济，务令复业，无使失所"。

五是省烦费。上年，淮河流域发生水灾，灾民流离失所，江南六路储备的粮食全部用于赈济灾民，于是各州县萧条，"帑廪匮乏"。如今，中原又遭水灾。在这种情况下，朝廷应"断自宸衷"，停止大兴土木，免征工役，罢废搜括花石纲，生活要节俭，不应无度挥霍，"有可省者权令减罢"，减轻百姓负担，发展生产，经过数年后，"民力渐完，国用以足，然后惟陛下之所命耳"。

六是广储蓄。蓄备粮食，是"兵民之天"，"宗社之本"。但是，由于朝廷大兴土木，无度挥霍，导致"岁以侵耗，遂至殚竭"。同时，自然灾害接连不断，以至于盛产粮食的东南地区也因灾害造成歉收，每年所产粮食不够食用，在这种情况下，朝廷应诏令各州县，"有司裁蚕食者，幸岁丰登，自朝廷多降籴本，委强干官吏，广行收籴"。

此疏写完，李纲审阅一遍，觉得余意未尽，又摘要别书于后，再次强调：宋徽宗赵佶应"畏天戒，固民心，收士用，严守卫，以弭宁灾害，大慰天下之望"[1]。同时，对负责水利的官吏，若玩忽职守者，应明正典刑；停止大兴土木，废除搜括花石纲，裁减老弱病残军士，节约财政支出；加强边防，预防盗贼和外患。

李纲待罪上章六事，宋徽宗赵佶认为"所论不当"[2]，把他降为南剑州沙县（福建沙县）监税。

次年，李纲在沙县收到家信，知悉淮河流域发生严重蝗灾，蝗群势如风雨，飞渡长江南下，蔓衍江苏、浙江。此时，他极为忧愤，写下《得家信淮南飞蝗渡江入浙岁事可忧感赋》（《宋李忠定公文集选》卷十七）：

> 闻说飞蝗起自淮，势如风雨渡江来。
> 吾家岁事何须虑，只恐人言不是灾。

诗中指责北宋朝廷以太平盛世假象，掩饰危机；在灾害四起之年，还说不是灾。

---

① 《宋李忠定公奏议选》卷一《贴黄》。
② 《宋李忠定公文集选》卷首二《行状上》。

宣和三年（1121年）五月间，其父李夔病故。八月间，葬于常州无锡（江苏无锡市）县开元乡湛岘山之原，与其母吴氏同葬一墓穴。其后李纲在无锡居忧。

为镇压方腊起义献计献策

宋徽宗赵佶派内侍杨戬设"西城括田所"，带头掠夺农民田地三万多顷。各州县官吏、大小地主，随之仿效，加紧兼并，导致众多的农民破家荡产。农业生产力急剧衰退，广大农村呈现一片凄凉的图景。

崇宁元年（1102年）至崇宁四年，开封府界、京东、河北、淮南等路，连年发生蝗灾，形成严重的灾荒。政和七年（1117年），黄河又在河间、沧州决口，百万百姓被洪水淹死。次年，江、淮、荆、浙等路，相继发生水灾，被淹死、被迫移逃的农民不计其数。灾区的农民，以野菜和榆树皮充饥。野菜、树皮食完，最后甚至人人相食。于是，在大江南北发生多起农民起义。

宣和二年（1120年）十月，因为花石纲扰民尤甚，在睦州（浙江建德梅城镇）青溪县，爆发了方腊领导的农民起义。起义誓师大会上，方腊说："东南之民，苦于剥削久矣！近年花石的骚扰尤其不堪。诸君若能仗义而起，四方必然闻风响应。"① 在方腊号召下，广大农民闻风响应，十天之内，义军达数万人。同年十一月初，义军建立政权，方腊自称"圣公"，立年号为"永乐"；建置将帅，分为六等；义军头扎各色头巾，以作标志。义军起义后，所向无敌，锐不可当，先后攻下睦州、寿昌、分水、桐庐、遂安、杭州等州县，震动整个东南地区。

正在居忧的李纲，却预感到北宋朝廷将有倾覆的危险。他虽然不满宋徽宗赵佶的腐朽统治，但其命运却与北宋王朝紧密相联，为了支撑将要倾覆的北宋，他站在统治者立场，为镇压农民起义献计献策。李纲在《与郑少傅书》（《宋李忠定公文集选》卷二）中，建议朝廷"择帅遣兵进讨"，极力主张军事镇压。当农民军节节胜利之际，宋徽宗赵佶急忙撤销苏杭制作局，停运花石纲，罢免朱勔的官职，以平息民愤。宣和三年正月，宋徽宗赵佶授童贯为"江淮荆浙宣抚使"，率京城禁兵、"秦晋藩汉兵"十五万人马，南下镇压义军。李纲在《与中书冯侍郎书》、《与梅和胜侍郎书》（《宋李忠定公文集选》卷二）中，建议在杭州以东、浙江等地驻重兵，防守要害地形，形成包围义军阵式，并随之进攻睦州。睦州地势险要，高山环绕，道路崎岖，不

---

① 蔡美彪等著《中国通史》第五册，第 208 页。

适合北方将士作战。他建议朝廷招募福建"枪杖手"，从浙江衢州方向进兵，去攻打睦州。

李纲这些意见，暗合统治者意图。童贯调集宋兵，分兵两路，先后占领衢州、攻陷睦州，迫使方腊主力退守帮源洞。宣和四年三月，农民起义军被镇压后，宋徽宗赵佶又恢复应奉局，起用朱勔，搜括东南的花石纲，变本加厉地压榨农民，继续挥霍享乐，从而加速北宋的灭亡。

《制虏论》

李纲不因迁谪而消沉，时刻注视着北宋形势发展。这时，他撰有《制虏论》、《御戎论》(《宋李忠定公文集选》卷十)，精辟分析了北宋、辽、金等三国的关系和形势，并引用大量历史上正反经验教训，阐明联金灭辽是失策，充分显示出其卓越的政治远见。

我国东北地区的白山黑水之间，居住着一支女真族，长期以来，深受契丹贵族的压迫，12世纪初，以完颜部为中心的女真部落，与其他部落结成联盟。政和五年（1115年），女真奴隶主的首领阿骨打，建立金国，自称皇帝。随即，女真贵族向辽国进攻，屡次打败辽兵。这时，西夏支持辽国抗金；北宋朝廷为了转移百姓斗争目标，宋徽宗赵佶与其大臣蔡京、童贯密谋，欲联金灭辽，企图收复燕云十六州：幽（北京）、蓟（天津市蓟县）、瀛（河北河间）、莫（河北任丘）、涿（河北涿县）、檀（北京市密云）、顺（北京市顺义）、新（河北涿鹿）、妫（河北怀来）、儒（北京市延庆）、武（河北宣化）、云（山西大同）、应（山西应县）、寰（山西朔县东北）、朔（山西朔县）、蔚（河北蔚县）。政和八年，北宋派武义大夫马政，以买马为名，从海上前往金国探听虚实。从此，宋、金使者往返联络。宣和二年（1120年），签订了"海上联盟"。宋、金商定：金兵攻取辽国的中京大定府（辽宁昭乌达盟宁城县境），宋兵攻取燕京析津府；辽国灭亡以后，北宋将原来每年输与辽的"岁币"，全部献给金国。

联金灭辽，李纲持有不同政治见解，他认为金国强大，对北宋威胁大，是"中国之坚敌"；联金灭辽，仅为了"一时利害"[①]，不是远略。李纲在《制虏论》中，借鉴历史经验教训，阐明联金灭辽是失策。

秦始皇嬴政二十六年（前221年），秦灭六国，在我国历史上，建立第一个统一封建王朝。但是，秦所能管辖的地区，仅是汉族地区和部分少数民族地区。有的少数民族

---

① 《宋李忠定公文集选》卷十《制虏论》。

地区，尚未归秦统辖，尤其是北方的匈奴，经常与秦军作战，掠夺秦朝边疆地区。于是，秦始皇派蒙恬为将，率兵三十万人，北击匈奴，收复了河南地（今黄河河套地区）。为了防御匈奴的侵袭，便在战胜匈奴后，大规模修筑长城，把原来秦、赵、燕三国的长城，接连起来，形成西起陇西郡的临洮（甘肃岷县），东至辽东，长达一万多里的城防。从此，匈奴北迁，不敢南下。

秦朝灭亡，在楚、汉战争期间，匈奴乘虚南侵，结寨于故地。汉高祖刘邦初定天下，"有轻匈奴之心"，结果三十万汉兵被匈奴围困在平城，险些全军覆灭。至汉惠帝刘盈时，选宗室之女，与匈奴单于和亲，并"岁奉金缯甚厚"，匈奴却认为汉朝示弱，经常违背和约，遣兵犯境。汉文帝刘恒能卧薪尝胆，奋发图强，发展生产，练兵讲武，国势日益强盛，才改变对外妥协政策，迫使匈奴不敢轻举妄动。至汉武帝时，国家"财力有余"，"太仓之粟红腐而不可食"，"一时将帅人材众多"，国力极盛，汉武帝刘彻派卫青、霍去病为将，率兵数十万，北上征伐，经十余年战争，取得胜利，迫使匈奴再度北迁。但是，由于长期战争，汉朝国库蓄备全被耗尽。以历史证实，秦、汉两代，"与匈奴有修文而和亲者，有用武而克伐者，皆非全策"。

李纲认为：论及国与国之间的交往，宋、辽"澶渊之盟"才是"御夷狄之全策"。他在回顾这段历史时指出，在天福元年（936年），石敬瑭推翻后唐，建立后晋。石敬瑭为了巩固地位，向契丹（辽国）称臣、称子，主动割让燕云十六州，换取契丹对他的支持。次年，契丹统治者耶律德光，得到燕云十六州，把幽州（北京西南）改称燕京，改国号为辽。燕山山脉变成了辽国的腹地。从此，黄河以北的平原，失去防御辽国骑兵的地理优势。建隆元年（960年），北宋立国后，宋太祖赵匡胤正全力统一内部，顾不上收复失地，仅派重兵驻守，迫使辽兵不敢南犯。至宋太宗赵光义时，为了夺回燕云十六州，曾两次攻辽，均告失败。从此，辽国骑兵不断侵扰北宋，掳掠人口和财产。景德元年（1004年）闰九月，辽国承天皇太后、圣宗率兵二十万，经过保州（河北保定市）、定州（河北定县），南犯澶州（河南濮县附近），北宋"京师震动"，宋真宗赵恒慌乱失措，参知政事王钦若主张迁都金陵（江苏南京）；参知政事陈尧叟主张迁都成都（四川成都市），"以避其锋"[①]。北宋君臣展开激烈争论，寇准力主抗战。经寇准说服，宋真宗赵恒决定亲征抗辽。同年十月，辽兵攻打瀛州（河北河间），被宋兵击退，辽国死伤数万人马；辽兵又转道，相继攻陷天雄军

---

① 《宋李忠定公文集选》卷十《制虏论》。

（河北大名）、德清军（山东德州），从而包围了澶州；同年十一月间，辽国统军大将萧挞览在攻城时中矢而亡，辽兵败退。在取得军事胜利后，宋真宗赵恒才抵达澶州北城，派曹利用为使，到辽军营中议和；同年十二月，辽国派韩杞为使，到北宋军营议和，经宋、辽磋商，签订"澶渊之盟"，规定北宋每年输与辽银十万两、绢二十万匹；宋辽边境的州、县，各守疆界，两地人户不得交侵；宋辽城池各自依旧修缮，不得增建新的城堡，改移河道。至和二年（1055年），辽道宗耶律洪基即位后，辽国统治集团争权夺利，互相残杀，导致国力衰落，无力向外扩张，加上北宋对辽忍辱屈服，于是百多年以来，宋辽之间，"谨守盟约"、"结欢修好"、"民不识兵革"，和睦相处。如今传说辽国内部分裂，"畜牧之凋耗，人卒之羸弱"。李纲认为，这一传说，不可置信，如果联金灭辽，"能保女真之不为患乎？"他分析宋、辽、金三国形势，认为金国最强，富有侵略性，是北宋之"坚敌"[①]；辽国国力弱，对北宋不构成威胁。北宋欲联合强国，欺负弱者，就会促使金、辽结盟，共同对付北宋。届时后果不堪设想！以地理位置而论，李纲认为：当辽国灭亡后，具有战略防御地位的燕山山脉却变成金国的

---

① 《宋李忠定公文集选》卷十《制虏论》。

腹地，于是北宋便失去有利于防御的地形，一旦金兵南犯，北宋欲进行自卫战争，困难更大。因此，李纲极力反对联金灭辽，主张坚守"澶渊之盟"，才能确保国家安全，呼吁宋徽宗赵佶绝不能"见小利而败大事"。

但是，宋徽宗赵佶及王黼等人，不采纳李纲等有识之士的意见，企图依赖金国力量，乘机取利。宣和四年（1122年），金兵攻陷辽的中京、西京（山西大同），辽国的天祚帝逃入夹山后，留守燕京的耶律淳被大臣拥立称帝。此时，宋徽宗赵佶授童贯为统帅，蔡攸为副统帅，率十五万人马伐辽。辽国虽然处在灭亡的前夕，仍然击败宋兵，迫使童贯退守雄州（河北雄县）。宋军败北，宋徽宗赵佶急忙下诏班师。不久，辽国耶律淳病故，宋朝又命令童贯、蔡攸出兵，以刘延庆为都统制，派辽国降将郭药师为向导，发兵十万，攻取燕京。宋兵至良乡，却被辽将萧干所部截住。当时，郭药师领兵五千，偷渡芦沟，袭入燕京，但因刘光世（刘延庆之子）援军违约，没及时赶至，郭药师被辽兵打得大败而逃。刘延庆所部驻扎在良乡，在次日凌晨见到辽兵军营起火，误认为敌兵进攻，自行烧营出逃，辽兵乘机追击，直到涿水。宋军溃败，沿途死伤甚多。经此一战，北宋积存军需，几乎全部折损。

宋兵败退雄州（河北雄县），童贯为了逃避罪责，秘密遣使至金军兵营，请求金兵攻打燕京。同年十二月，金太祖阿骨打亲自领兵一举攻下燕京，派人指责北宋不出兵夹攻辽兵，于是不肯将燕京交还北宋。嗣后，经宋、金多次磋商，北宋确认：把输与辽的岁币银四十万两转纳给金，同时，再增加一百万贯，称"燕京代租钱"，金国才同意把燕京交给北宋。宣和五年（1123年）四月，金兵撤退时，在燕京城内大肆洗劫，北宋仅得一座残破不堪的空城。但是，宋徽宗赵佶及王黼、童贯等大臣，却自吹是"不世之功"，大肆庆贺，北宋危在旦夕，坐待灭亡，李纲"为之寒心哉！"①

《御戎论》

"百有余载"，西夏"乍叛乍臣"，威胁着北宋安全。北宋朝廷曾多次发兵，御敌守边，均以失败而告终。针对这一历史和现实事实，李纲写了篇《御戎论》（《李忠定公文集选》卷十），精辟分析北宋、西夏形势；揭示出北宋腐败的政治制度；对防御西夏入侵提出独特见解。

公元10世纪末，党项族首领李继迁占居夏州一带地区

---

① 《宋李忠定公文集选》卷十《制虏论》。

（陕西横山以西），接受辽国封号，称夏国国王。宋太宗为了笼络他，在端拱元年（980年）赐李继迁名为赵保佶，授他为银川（陕西横山境）观察使。不久，李继迁叛变，袭击北宋边防驻军。北宋朝廷下令，断绝与西夏贸易。至道二年（996年），李继迁率万余人马，攻打灵州（宁夏灵武西南），宋太宗派兵迎战，授以阵图，行军列阵，均须请示朝廷，宋军将帅不得自行作主，导致宋军行动迟缓。在这次战役中，民伕经沙碛向灵州运送粮饷，沿途饥渴交加，死亡十余万人。咸平五年（1002年），李继迁攻下灵州；两年后又占据西凉府（甘肃武灵）。李继迁在作战中，中流矢死，其子李德明继位。嗣后，李德明之子李元昊，相继攻占甘（甘州：甘肃张掖）、凉（凉州：甘肃武威）二州。景德三年（1006年），宋真宗授李德明为定雄军（陕西横山县西北）节度使、西平王。每年"赐"银万两、绢万匹、钱二万贯，以示妥协，换取苟安。景祐五年（1038年），李元昊建都兴州（陕西略阳），建立国家，国号大夏（西夏）。从此，又开始进攻北宋。当时，北宋西部边境，驻军达三四十万，分布在五路二十四州军、几百个寨堡。北宋兵力分散，每当西夏聚兵而来，宋军节节败退。宝元三年（1040年）初"延州之战"、八月间"好水川之战"、庆历元年（1041年）八月"定川之战"、庆历二年"渭州之战"，均以宋兵溃退而告终。西夏军队长驱南下，直抵渭州（甘肃平凉），在北宋六百里的边境上，焚烧房舍，杀掠居民。因此，北宋再次被迫妥协，求和。经双方交涉，在庆历四年（1044年），北宋册封李元昊为西夏国主，西夏名义上称臣。同时，北宋每年"赐"给西夏绢十三万匹、银五万两、茶二万斤；在各种节日，共"赐"银两万两，银器二千两，绢、帛、衣着等二万三千匹，茶一万斤。北宋、西夏仍然保持往来贸易。北宋以增加银、绢的办法，换得西北暂时苟安。但是，西夏掠夺北宋边境之事，仍经常发生。

西夏仅仅占据平凉、灵武、瓜沙、甘肃、银宥等五地，在地狭、人少的情况下，却构成了对北宋的严重威胁，北宋花费不少人力、物力，却"见功寡"，这是什么原因呢？李纲认为：北宋有"行兵之道不若彼者四"、"自治之术未尽善者六"的弊端。

北宋"行军之道不若彼者"，具体有四个方面：

一、"彼军旅之力全，而我军旅之力不全"。西夏每次入侵北宋，事先"虚城清野"，集中各路兵马，倾国而来。进军路线，采取"待诸路以不争，而以全力据要害之地，以制一路于必死"。在行军作战时，精壮士兵在前，"老弱居后"；撤退时，其情相反。因此，西夏军队，攻入北宋境内，"破城寨，虏人畜，动辄如意"。但是，北宋所采取的策略却不同，每有军事行动，均以"五路之师，各以其兵入，力散势分，不相为用"，导致每战必败的结果。

二、"彼士卒之心一，而我士卒之心不一"。西夏军队待遇不高。党项族贵族也没采用"高爵厚禄以宠战士"，但西夏战士人人，"乐骑射、耐饥渴"，在战场上作战时，他们冒矢石、殊死战，谈笑风生，进出自如，故能"惊边徼，摩封疆，出没飘暴，不可制御"。而北宋军队的士卒分别来自西北、中原和东南地区，他们对西北地形、气候适应不一，生活习惯不一，士卒军事素质不一。

宋军虽然人数不少，但战斗力不强。仅有西北地区的战士，"可为用耳"。至于从东南地区调来的军队，听到"鼓鼙之声"，见到"旌旗之色"，就会惊慌失措，"流汗股栗，已欲曳兵而走"。在临阵作战时，不能奋勇向前，一见"弱者先奔，则强者亦与之而偕溃"。

三、"彼所规者大，而我所规者小"。每次作战，西夏取胜后，对将士的奖赏，十分轻薄，不过赐酒一杯、酥酪数斤；选拔将领，不论资排辈，依仗权势、裙带关系，而是据本人能力、才干和战功，"往往不次拔而用之"。因此，西夏战士在战场上作战，"轻首级而不争，乘利逐北，多致大胜"。但是，北宋则全然不同，凡是得一首级者，就"转资赏帛有差"，所以将士知道"首级"贵重。每当交战时，偶然取胜，每杀一人，北宋战士则下马"斩首"，贻误战机，活着的敌人便乘机逃遁远去。因此，在战场上，宋军虽有小胜，但无大捷。

四、"彼所图者久，而我所图者速"。西夏党项族贵族，狡狯多诈，善于深谋远虑、分析形势、窥测机会，每当国力强盛，就背叛北宋，发兵攻打宋境，洗劫民财，掠夺人口；当国力衰败时，就向北宋求和、称臣，勒索"岁赐金缯"。因此，数十年以来，"叛服不常"。但是，北宋对西夏失去警惕，"方其和附"，驻边宋军，不做任何防御准备。一旦西夏叛乱，宋军匆忙上阵，"则不计利害，不议可否"，兴师动众，企图侥幸一时之利。

关于"自治之术未尽善者"，北宋有六方面弊端：

一是"将帅之任不专"。古代将帅，受命率兵出战之际，君王对他们信而不疑，"不从中制"；使他任职期长而稳定，不轻易撤换。"故能习熟利害，临事制变，士卒乐为之用。"但是，北宋立国后，为了巩固中央集权、制止军阀割据，自宋太祖赵匡胤开始，剥夺将帅兵权，形成"为帅于千里之外，而受制于九重之中"的制度。自宋真宗赵恒以下的各代皇帝，生长深宫，不懂军事，由皇帝制定阵图束缚将帅，使其难以临阵指挥。将帅们多请示朝廷，群臣往往争论不决。主帅要与钤辖、都监等人聚议，也是众说纷纭，不可定夺，往往失去战机。将帅权力不仅受到限制，而且一年之间，易换三五人，导致兵不识将、将不识兵的结果。同时，士兵缺乏训练，作战时上下不相附，指令不如意。因此，将帅要"建不世之功亦难矣"。

二是"士卒之气不振"。古代有才干的将帅，行军作战之时，与士卒同甘共苦，官兵关系亲如手足，赏罚分明，军需供给充足，于是，"百里之内，牛酒日至"。战士在战场战死，"恩恤备至"，这样使全军将卒，感到"生无饥寒之患"、"死无妻孥之忧"，便士气高昂，赴汤蹈火，奋勇杀敌，所向披靡。如今，北宋朝政腐败，官吏贪污索贿，将帅易换频繁，"将与卒辽绝而不相知"，军需粮草供应不上，士卒缺衣少食，饥寒交迫，大批士卒逃亡。在战场上死亡的士卒，家属得不到"恩恤"，导致军心涣散。在这种情况下，"欲责其仗节死难亦难矣！"

三是"糗粮之蓄不广"。国家以兵为本，兵以食为天。自古以来，军队出征，粮草先行。这是行军作战的基本常识。如今，自陕西以西，关中之地，有沃野千里。自古以来，盛产粟谷，但是，近十几年以来，由于天灾人祸，灾民疏散，田园荒芜，大批饥民处在死亡线上。在这种情况下，百姓怎能提供军粮呢？军队缺食，使成群结队到县衙门闹事，或四出抢粮。军队缺少粮草，怎能备边拒敌呢？

四是"钱货之法不通"。往年，陕西一带地区，通行铜质钱币。如今，改用铁质钱币。但是，铁质钱币比铜质钱币，重量轻二分之一，价值是一比二十，货币贬值，导致物价飞涨，官兵的俸禄，每人每发一千，铜质钱币仅占五十枚，这样难维持最低生活水准。在西北作战的宋兵，其军饷数额，五分之一来自东南地区，由于朝廷调度失灵，交通阻塞，不仅军需物资供应不上，甚至官兵俸禄发不足数。

五是"赏罚之令不明"。奖罚分明，可以激励士气，使之奋勇杀敌。但是，北宋朝廷对守边将帅、士卒，却不能做到。每当宋军与敌军交战之际，不少将帅、士卒冒矢向前，多立战功，却"未必赏"；"而货赂侥幸之人，第功殊列，偏裨失主将逗留怯敌者"，没有给予严厉惩罚；有的谋取"小利"，便夸大其功，这就不能使战士信服，更不能激励他们奋勇杀敌。

六是"攻守之议不审"。北宋朝廷在防御西夏军队入侵，制止党项族贵族叛乱时，事先没有周密计划、长远打算。一旦遇到敌情，慌忙"浪战"，"以侥幸一时之功"。因此，在近十几年以来，花费不少钱、粮和人力，却没有"显效"。

为了有效制止西夏贵族叛乱，李纲针对北宋政治、军事等方面的弊端，主张事先应把战略、计策拟定周全，军需粮草要储备充足，才可以采取军事行动。对于军事部署方面，应让原来的五路宋军，"各守其地，按兵以备不虞"。同时，另派将帅，领精兵数十万人马，"择近巢穴、美水草之地，一路深入"，才可以获得军事上的胜利。招募军队时，应招西北地区弓箭手与敌军正面交锋，让东南地区的士兵"守营垒、护辎重、张声势，而勿与战"；宋军取胜后，不要以首级数量计功，"而以用命先登、却敌破阵为最"。在评选方法方面，应自下而上地进行推荐，一级一级地评审，防止徇私舞弊。平日，要派得力将士，严格训练士卒，"峙糗粮、缮甲兵，习于山川形势"。朝廷对于出征的将帅，应予信任，授予他们权力，不应从中牵制；对阵亡的将帅、士卒的家属，给予"恩恤"，勉励活着的将士，这样可以鼓舞士气，增强宋军战斗力；在丰收的年景，要"广储蓄"粮草，以备荒年。总之，北宋能把上述几方面事做好，国威即可大振，外患可除。

第三章　保卫东京

宣和五年（1123年）八月，金太祖阿骨打病故后，其弟吴乞买做了金国皇帝，即金太宗。正如李纲预料，次年，金国灭了辽国，便把侵掠目标转向北宋。金太宗吴乞买加紧征发民伏、积蓄粮草、调兵遣将，向南集结。北宋的河北、河东边防驻军，把金兵南侵企图急报朝廷。但是，宋徽宗赵佶、宰相王黼等人不把此事放在心上，荒诞如故。

金 兵 南 犯

宣和七年三月，李纲复职为太常少卿；六月间，他回到京城。同年十月，金国借口北宋收容辽国降将张毂，开始派兵进攻北宋。同年十一月，金国分兵两路，大举南犯。金太宗吴乞买授粘没罕为左元帅，从西京进攻太原，这是西路；授斡离不为南路都统，从平州（今河北卢龙）进攻燕京，这是东路。两路金兵相约在东京会师。同时，金太宗吴乞买派使臣抵太原，要求北宋割让河东、河北，以黄河为双方国界；又派使臣至东京，公然要挟北宋割地称臣。宰相王黼却极力怂恿宋徽宗赵佶妥协，派遣使臣，前往金国议和。

粘没罕率领西路金兵，很快打到太原，镇守太原的童贯，心怀畏怯，借向朝廷禀报为名，准备逃回东京，知府张孝纯极力劝阻，要求童贯召集各路宋军，迎击入侵金兵，保卫太原。但是，身为宣抚之职的童贯，推卸责任，认为自己没有守卫疆土之责，逃回东京。十二月十八日，太原被围，知府张孝纯率领全城几十万军民，坚守太原，奋起抗战，暂时挡住西路金兵南下。

这时，斡离不率领的东路金兵，相继攻下檀州（密云）、蓟州，随即打到燕京，知府蔡靖与守将郭药师商议，率兵出城抵抗。但是，郭药师已蓄异心，虽然与部将张令徽、刘舜仁等人领兵四万五千人，在北河迎战，却被金兵打败。郭药师未战先退，躲进燕山城内。十二月初，金兵追到城下，郭药师开城投敌，燕山府所属州县，全被金兵占领。斡离不用郭药师为向导，带领金兵长驱南下，未经训练的北宋军队，一遇金兵，立即溃散。金兵势如破竹，直逼黄河。

宋军败退，金兵逼进，警报如雪片一样，飞报东京。此时，北宋朝中，既无主持大计的重臣，又无可以倚恃的将帅，宋徽宗赵佶吓得一点主意也没有。朝廷内外，一片混乱。平日耀武扬威、为非作歹的大臣，有的想逃走，有的准备投敌。在形势危难之际，宋徽宗赵佶急忙下求言诏书，请求朝野官民，直言议政，陈述挽救社稷危机的意见。但是，当局势稍有缓和后，宋朝统治者又对舆论暗加压制。当时，就有"城门闭，言路开；城门开，言路闭"①的传说。

十二月二十一日，太常少卿李纲针对北宋政治、军事等方面的弊端，奏进《上道君太上皇帝封事》（《宋李忠定公奏议选》卷之一），认为当务之急，朝廷应"选将励兵，多方捍敌"，并针对北宋政治弊端，提出"治其本原"的意见：

一是"正己以收人心"。要求宋徽宗赵佶诏令天下，禁止搜括花石纲，撤销制造局，停止大兴土木，节省赐予大臣之费用，"节燕游之娱"，杜绝"凡应奉之物"，以实际行动使黎民百姓相信宋徽宗赵佶是诚心改过。

二是"听言以收士用"。要求朝廷广开言路，不拘一格选用人材。

---

① 《宋史纪事本末》卷五六《金人入寇》，江西书局。

三是"蓄财谷以足军储"。集中全国一切财力,"专给军费";"宰执文武百官"的俸禄,应减少一半,他们在京城的家产,要暂时捐出,等战争平定以后,再予归还;"在京上户",如有捐助经费,可以从优授予官职。把筹集的款项,送到江南收购粮草,运往京城,以资军用。

四是"审号令以尊国势"。朝廷应克服"朝令夕改"、政出多门的弊端。凡是有重大决策,事先应与大臣们"谋之",然后下达诏令,颁布天下,坚决实施。

五是"施惠泽以弭民怨"。由于连年自然灾害和战乱,中原、东南地区的黎民百姓,苦不堪言,因此,要求朝廷免除百姓历年欠交的租税,明令禁止高利贷剥削,废除徭役,"庶使民心要妥,而奸猾不得以摇之"。

在奏疏中,李纲又提出抗金救国十策:一是选拔有才能的官员,担任宋军将帅,领兵抗金;二是派重兵镇守战略要地;三是招募民兵协同抗战;四是在京城附近州、县,布兵防守;五是在京城筹备军费,以济急用;六是在全国各州、县,选拔军事人材,授其职务,使他们有权领兵抗战;七是招募有文有武、有胆有智、能言善辩的官员为使者,前往金兵军营议和,以延缓金兵南下;八是动员河北、河东各州、县的百姓,坚壁清野,断绝金兵粮草供给,使敌人一无所获,迫使金兵难以持久;九是派兵控制要道,切断金兵粮草运输供应；十是诏令陕西、河东等路宋兵，加强战备，防止西夏军队乘虚而入。

这时，北宋举国上下，朝野官民，各抒己见，一致要求朝廷改革弊政，抗金救国。在舆论的压力下，宋徽宗赵佶急忙宣布停止搜括花石纲，撤销内外制造局；同时，让参议官宇文虚中代笔，起草"罪己诏"，说："朕以寡昧之质，藉盈成之业。言路壅蔽，面谀日闻，恩倖持权，贪饕得志；搢绅贤能，陷于党籍；政事兴废，拘于纪年。赋敛竭生民之财，戍役困军旅之力。多作无益，侈靡成风。利源酤榷已尽，而牟利者尚肆诛求；诸军衣粮不时，而冗食者坐享富贵。灾异谪见而朕不寤，众庶怨怼而朕不知。追维己愆，悔之何及！思得奇策，庶解大纷。望四海勤王之师，宣二边御敌之略。永念累圣仁厚之德，涵养天下百年之余，岂无四方忠义之人，来徇国家一日之急！应天下方镇郡县守令，各率众勤王，能立奇功者，并优加奖异。草泽异才，能为国家建大计，或出使疆外者，并不次任用。中外臣庶，并许直言极谏。"宋徽宗赵佶阅后，凄惨地说："今日不吝改过，可便施行。"[1]随即，宋徽宗赵佶授内侍梁方平为威武军节度使，急忙率禁军七千人，扼守黎阳；遣步军都指挥使何

————————

[1] 《宋史纪事本末》卷五六《金人入寇》。

灌领兵二万，守河津。同时，诏令熙河经略使姚古、秦凤经略使种师中率兵入援京城；又派宇文虚中为河北、河东路宣谕使，督促各路宋兵，急救东京。

宋兵接连败退，金兵已侵入中山府（今河北定州），距东京仅十日路程。北宋勤王之师，远水救不了近火，北宋宫廷内外，时有警报；东京城内，一日数惊，宋徽宗赵佶惊慌懊恼，说：没想到金人会这样[①]！说着便气塞昏迷，跌倒在地，群臣赶忙灌药急救。宋徽宗赵佶苏醒以后，欲让太子赵桓留守京城，自己准备南逃。

刺　臂　上　疏

东京危在旦夕，李纲忧心如焚。为了挽救危机，他主张宋徽宗赵佶禅让，由太子赵桓接替皇帝位，统领全国军民抗金保国。平日，李纲与给事中吴敏"厚善"[②]，由于形势急迫，他深夜赶至吴敏家中，表明自己的心迹，倾诉自己报国赤忱，说："建牧之议，岂非欲委太子以留守之任乎？今敌势猖獗，非传太子以位号不足以招徕天下豪杰。"吴敏是位因循守旧的官吏，胆小怕事，面有难色地问："监国

<hr>

① 蔡美彪等著《中国通史》第五册，第226页。
② 《宋李忠定公文集选》卷首二《行状》上。

可乎？"①李纲果断地回答："不可！"便以"唐肃宗李亨灵武事件"的历史教训，阐明禅让的必要，认为"当时不建号，不足以复邦"②。李纲与吴敏，经过一番推心置腹的计议，在传位太子、抗金救国等方面取得一致意见。翌日，吴敏在朝会上，禀报了李纲的主张，宋徽宗赵佶决定召见他。

十二月二十三日，宋徽宗赵佶在玉华阁召见李纲，向他求教退敌策略。李纲毅然刺破手臂，用鲜血书写奏疏，说："皇太子监国，礼之常也。今大敌入攻，安危存亡在呼吸间，犹守常礼，可乎？名分不正而当大权，何以号召天下？若假皇太子以位号，使为陛下守宗社，收将士心，以死捍敌，天下犹可保。"③

这篇血疏，写得慷慨激昂，义正辞严，宋徽宗赵佶看了一遍，羞愧交加，连话也说不出来，反思一阵，决定采纳李纲的建议，书"'传位东宫'四字以付蔡攸"④，"于是命（吴）敏草传位诏"⑤。十二月二十四日，皇太子赵桓在百官拥戴下，登上皇帝位，史称宋钦宗，次年元旦，改元"靖

---

① 《宋史纪事本末》卷五六《金人入寇》。
② 《宋李忠定公文集选》卷首二《行状》上。
③④ 《宋史纪事本末》卷五六《金人入寇》。
⑤ 《宋史》卷三五二《吴敏传》。

康"；又尊奉赵佶为教主道君太上皇帝，退居龙德宫；授李邦彦为龙德宫使，蔡攸、吴敏为副使；派遣给事中李邺为使臣，前往金国通报北宋禅让，要求议和。

斡离不所部，相继攻下相州（今河南安阳）、浚州（河南浚县东南），梁方平率领的禁军大溃于黎阳；河北、河东路制置副使何灌，领兵二万，退保滑州（河南滑县东旧县）。由于宋兵败溃，作恶多端的赵佶、蔡京、童贯等人倒台，久积在人们心中的愤怒和仇恨，一起迸发。朝野官民纷纷揭发他们的罪恶。太学生陈东上书说："今日之事，蔡京坏乱于前，梁师成阴贼于内，李彦结怨于西北，朱勔聚怨于东南，王黼、童贯又从而构衅于二虏，创开边隙，使天下之势危如丝发。此六贼者，异姓同罪，愿陛下肆诸市朝，传首四方，以谢天下！"[①]宋钦宗赵桓被迫罢免王黼太宰之职，"诏贬为崇信军节度副使"。

十二月二十六日，李纲在《上渊圣皇帝实封言事奏状》（《宋李忠定公奏议选》卷二）中列数童贯一伙人的罪行："造作边事，养成祸胎，屡覆王师，贻患宗社，有如童贯者；招权怙势，首为兵谋，以佞倖之姿，据师保之任，有如王黼、蔡攸者；以穿窬之质，挟奸雄之谋，作奇技淫巧以荡上心，

---

① 《宋史纪事本末》卷五五《众奸之窜》。

运花、石、竹、木以敛民怨，有如朱勔者；豪夺民田，掊敛财贿，剥下奉上，依势作威，有如李彦者；恃宠眷之私，擅威福之柄，招兵自卫，失禁旅之心，有如高俅者。"李纲、吴敏等官员，为了顺民意、消民怨、以申国法，要求朝廷"诛黼"①。这时，宋钦宗赵桓也算从谏如流，诏令开封府尹聂昌，派武士至雍丘南斩王黼；李彦赐死，籍没家产；朱勔免职，放归田里；贬梁师成为彰化节度副使，前往贬谪途中，把他处死。

十二月二十八日，宋钦宗赵桓在延和殿召见李纲，磋商抗金救国策略。当即，李纲精辟地分析宋、金形势，认为：金国知道北宋已经内禅，必定同意议和，议和条件，大致有五个方面："欲求尊大之礼，一也；欲得归明之人，二也；欲厚索岁币，三也；言我（指北宋）首败盟约过失，四也；欲求割河北之地，五也。"②条件虽然苛刻，为了拖延时日，以待勤王之师前来援救京城，对于上述议和条款，李纲主张酌情答应。但是，"祖宗疆土，当以死守，不可以尺寸与人"③。同时，李纲劝谏宋钦宗赵桓，率兵亲征，"以鼓士气"；派遣将帅，招募兵夫；不拘一格选用人才；动员民

---

① 《宋史纪事本末》卷五五《众奸之窜》。
② 《宋李忠定公奏议选》卷二《论御寇用兵札子》。
③ 《宋史》卷三五八《李纲传上》。

众，奋起抗战；诏令河北、河东各郡县的百姓，坚壁清野，并派遣宋兵固守要道，切断金兵粮草运输线；号令全国各州县赶运粮草、军械赴京；召集四方勤王之师，入京援救等二十项"御寇用兵意见"。由于形势所迫，宋钦宗赵桓总算是从谏如流，全部采纳李纲的意见。翌日，又授李纲为兵部侍郎，让他参与朝廷抗金决策事宜。

三　次　拦　驾

时值元旦，宋钦宗赵桓改年号为"靖康"。

正月初二日，斡离不相继攻下相州（河南安阳市）、浚州（河南浚县），梁方平、何灌所率宋兵，望风溃退，金兵直抵黄河北岸。驻扎在黄河南岸的宋兵，看见金兵的旗帜，立即毁桥南逃，溃不成军，号称天险的黄河，"无一人御敌"。金兵在北岸，找到几只小船，载运军马，从容渡河，骑兵渡了五天才完，随之又渡步兵，却不见宋兵阻拦。"金人笑曰：南朝（指北宋）可谓无人。若以一二千人守河，我岂得渡哉！"[①]金兵随之攻下滑州。

何灌逃回东京，宋钦宗赵桓知悉金兵已渡黄河，急忙

---

① 《宋史纪事本末》卷五六《金人入寇》。

下诏亲征，启用李纲为亲征行营使，吴敏为亲征行营副使，聂山参谋军事。

当日深夜，太上皇赵佶命蔡攸为上皇行宫使，宇文粹中为副使，带着皇后、皇子、帝姬、妾等人，以"烧香"为名，由童贯的二万名亲军护送，逃出东京。太上皇赵佶一行人，在通过浮桥时，卫士们立在桥上，望着东京城池，恋恋不肯离去，有的将士，放声悲号，童贯怕动摇军心，导致影响全军停滞不前，被金兵追上，便命令亲信卫士放箭，射死不愿离去的宋兵。随即，率部向亳州（安徽亳县）方向进发。不久，太上皇赵佶又从亳州逃到镇江（江苏镇江市）。赵佶的倖臣高俅，亦随之同行。这时，蔡京全家也全部南逃，"于是百官多潜遁"①。

金兵迫近，太上皇赵佶南逃，但是，满朝大臣，多数还是蔡京、王黼、童贯、梁师成、朱勔等人的党羽。在大敌当前之际，他们之中，有的主战、有的主和、有的主守、有的主走，议论纷纷，莫知所定。

元月初四日，北宋君臣聚集在延和殿，磋商对策。太宰白时中、少宰李邦彦主张"出狩襄邓间"，以避敌锋。李纲认为事关重大，"欲与宰执廷辩"，问道："道君皇帝挈宗

---

① 《宋史纪事本末》卷五六《金人入寇》。

社以授陛下，委而去之可乎？"这时，宋钦宗赵桓却束手无
策，沉默不声。

"都城岂可以守？"①白时中代之回答。

李纲认为：全国的城池，仅有东京坚固，京城内又
有百万军民，怎么可以放弃呢？于是，据理驳斥白时中
说："若能率励将士，慰安民心，与之固守，岂有不可守之
理？"②

在激烈辩论之际，内侍陈良弼从内殿出来禀报说：京城
城墙上的楼橹、火炮等防备设施，仅完成百分之一二；城东
樊家岗一带，护城濠河浅狭，难以防守。当即，宋钦宗赵
桓派李纲、蔡懋和陈良弼前往现场视察。

李纲回到延和殿，向宋钦宗赵桓禀报：外城墙身坚固雄
伟，虽然楼橹尚未修好，不妨事；至于樊家岗护城河道浅
狭，只要派驻重兵，以"强弩占据，可以无虞"。宋钦宗赵
桓发问："策将安出？"白时中、李邦彦等人，默然无言。

"今日之计，当整饬军马，固结民心，相与坚守，以待
勤王之师。"李纲便果断地回答。

宋钦宗赵桓又问："谁可将者？"李纲回答说："朝廷以
高爵厚禄崇养大臣，盖将用之于有事之日。今白时中、李

---

① 《宋李忠定公文集选》卷二三《靖康传信录上》。
② 《宋史》卷三五八《李纲传上》。

邦彦等虽书生未必知兵，然借其位号，抚驭将士以抗敌锋，乃其职也。"

白时中听到要他领兵作战，十分恼怒，忿然地问："李纲莫能将兵出战否？""陛下不以臣庸懦，傥使治兵，愿以死报。"李纲以轻蔑的口吻，回答了白时中的责难。

于是，宋钦宗赵桓授李纲为尚书右丞。

当日下午，北宋君臣在福宁殿继续辩论"去留之计"，宋钦宗赵桓采纳白时中的意见，决定弃城而逃，便命李纲为东京留守，李棁副之。李纲以"唐明皇闻潼关失守，即时幸蜀"①的历史教训，阐明朝廷出幸，会造成京城军民混乱、社稷临危的后果。他便劝谏说："今四方之兵不日云集，陛下奈何轻举以蹈明皇之覆辙乎？"②这时，宋钦宗赵桓虽有所省悟，对于坚守京城，仍然犹豫不决，内侍王孝竭便从旁进言说："中宫、国公已行，陛下岂可留此？"③

顿时，宋钦宗赵桓吓得面如土色，急忙离开座椅，哭丧着声音，对李纲说："朕不能留矣！卿等无执，朕将往陕西起兵，以复都城。"④表示把坚守京城的军务，全部委托

---

① 《宋李忠定公文集选》卷二三《靖康传信录上》。
② 《宋史纪事本末》卷五六《金人入寇》。
③ 《宋李忠定公文集选》卷二三《靖康传信录上》。
④ 《宋史纪事本末》卷五六《金人入寇》。

给李纲，经稍作交待后，拔腿就走。当即，李纲冒死向前，极力劝谏，阐明坚守才能胜利，外逃一定失败的道理，才勉强把宋钦宗赵桓留住。于是，宋钦宗赵桓又下手诏，派人追回中宫、国公等皇帝宗室一行人；又把指挥坚守京城的军事大权交给李纲。

当天晚上，宋钦宗赵桓又改变主意，决意放弃京城。次日凌晨，李纲从尚书省衙门上朝，听到沿路百姓议论纷纷，说朝廷欲南狩。李纲赶至宣德门，看见皇帝乘舆已经陈列，禁卫六军准备出发。此时，李纲却束手无策，便厉声问宋军将士："尔等愿守宗社乎？愿扈从以巡幸乎？""愿以死守宗社，不居此，将安之！"禁卫将士齐声回答。

李纲便拉着殿帅王宗濋等人进殿，郑重地向宋钦宗赵桓指出：六军将士的父母、妻儿、子女均在东京，怎肯离开故土呢？如果强迫他们离开，万一途中散归，届时由谁来保卫朝廷呢？如果金国骑兵追来，怎么办呢？宋钦宗赵桓害怕被金兵俘虏，才决定留守东京，"始命辍行"。随即，在李纲、吴敏和"宰执百官将士"拥戴下，登上宣德门楼，李纲走向楼前，向广场上的宋兵传旨："上意已定，敢有异议者斩！"[1]六军将士，十分激动，齐声欢呼。

---

[1]《宋李忠定公文集选》卷二三《靖康传信录上》。

51

宋钦宗赵桓决定布防，命李纲为亲征行营使，马军太尉曹曚为亲征行营副使；罢免白时中太宰之职，授李邦彦为太宰、张邦昌为少宰、吴敏为知枢密院事、赵野为门下侍郎、王孝迪为中书侍郎、蔡懋为左丞、耿南仲为同知枢密院事。

仓卒而守围城

李纲受命于危难之中，仓卒而守围城。他受职后，招募民兵，整顿兵马，调支军粮、器械，加固城池，准备迎敌。

当时的东京，共有三道城墙：外城、里城和皇城。外城周长五十里，宽一百六十步，城防工事十分坚固，城濠阔十余丈，城墙上每隔一百步，筑有一个碉堡；沿城墙里面，每隔二百步，筑设一座防城库，贮存守城武器；城门十二个，除了南薰、新郑、新宋、封丘四个正门开成两重直门，其余八个城门，均筑有屈曲开门的瓮城。除城门以外，凡是河道从城墙下面通过的地方，均开有水门，供船只往来。东京的里城，又称旧城，或称阙城，周长二十里，宽一百五十五步，共有十个城门。东京最里面的一道城，称皇城，或称大内，周长五里。东京外城的东部，靠近汴河、五丈河。附近有许多仓库、运输码头；城西系朝廷大臣的住宅、花园；城北系军营、民房；城南是一般住宅区。

李纲充分利用坚固城池，采用"百步分兵法"布防。在外城墙四壁，每面城上派驻正兵一万二千人。动员城内居民、厢军到城上，"修楼橹、挂毡幕、安炮座、设弩床、运砖石、施燎炬、垂檑木、备火油，凡防守之具，无不毕备"。赵氏宗室、从官、文臣武将等，凡是可以作战的人，授予一定职务，"分地以守"①。同时，整编骑兵、步兵四万余人，分为前、后、左、右、中军，委派将校统领、操练。李纲派前军驻守东门水门外，保护延丰军用粮仓；后军驻守朝阳门外的樊家岗，防止金兵骑兵攻击京城；左军、右军和中军驻守在城内，以作机动援救。这时，宋钦宗赵桓，又遣使臣，分赴各州县，督促勤王军，援救京城。

自元月初五日至初八日，李纲布防粗略就绪，金兵便陈兵城下，结寨在城西北隅的牟驰岗，俘获北宋战马二万匹，"刍豆如山"。东京被围，金兵四出掠夺，洗劫民财，纵火焚毁民居；并在城外大肆挖掘坟茔，出尸取椁以作槽。金兵暴行，激起北宋军民愤怒。

这时，宋钦宗赵桓召集大臣商议对策，"李邦彦力请割

---

① 《宋李忠定公文集选》卷二三《靖康传信录上》。

地求和，李纲以为击之便"。①主战、主和争执不休，宋钦宗赵桓却采纳李邦彦的意见，遣虞部员外郎郑望之、高世则为使臣，往金兵军营议和。途中，遇见金国使臣吴孝民，便偕同回城。

当夜，"金人攻宣泽门，以（大）〔火〕船数十，顺流而行"。李纲亲临阵前，指挥宋军还击。"募敢死士二千人，列布拐子〔弩〕，城下（大）〔火〕船至，投石碎之"②。宋军用挠钩钩翻火船，金兵纷纷落水，溺死不少，"杀获数千人"③，护城河里尽是尸首。宋、金交战之际，东京城内的百姓，纷纷赶来参战，他们冒着风雪，在护城河"中流安排扠木"④，阻止金国水兵增援；搬运蔡京家中假山石，堵塞门道，加固城防。宋军的"壮士"，又缒城而下，"斩酋长十余人"⑤。经过一夜战斗，宋军杀敌百余人，至次日凌晨，金兵被迫撤退。

次日，金兵又蜂拥而来，猛攻酸枣门、封丘门。此时，守城的宋兵很少，抵挡不住，形势严峻，李纲从禁军中选派一千多名弓箭手，前往增援。援军赶至，金兵正在强渡

①② 《宋史纪事本末》卷五六《金人入寇》。
③ 《宋李忠定公奏议选》卷三《上道君太上皇帝札子》。
④ 《宋李忠定公文集选》卷二三《靖康传信录上》。
⑤ 《宋史纪事本末》卷五六《金人入寇》。

护城河，部分金兵已在城下，架设云梯登城，李纲下令宋兵用硬箭、乱石还击。抢在前头的金兵，应弦而坠，伤亡不少。但是，金兵仍然奋勇向前，宋军用手炮、檑木轰击；用神臂弓、床子弩、座炮射击远处的敌兵，金兵死伤惨重，"有乘筏渡濠而溺者，有登梯而坠者，有中矢石而踣者甚众"。同时，李纲"又募壮士数百人"，缒城而下，烧毁金兵云梯数十座，"斩获酋首十余级"。这天，金兵分别攻打陈桥、封丘、卫州等处城门，均被宋兵击退。在战斗间隙，李纲前往各处，慰问受伤宋兵，奖励有功将士，以激士气。此时，斡离不仍然在调兵遣将，集结重兵，攻打酸枣门，又被宋军击退。经过一天激战，金兵死伤数千人，斡离不才撤兵回营，暂停攻城，变换手法，派遣使臣，向北宋发动诱和攻势。

力 排 和 议

在李纲劝阻之下，宋钦宗赵桓虽然没有弃城而走，但对抗金守土没下决心，仍然倾向主和妥协。元月初十日，宋钦宗赵桓在崇政殿接见金国使臣，同意议和。金国使臣要求北宋派亲王、宰相为使臣，前往金兵军营议和，李纲要求承担此任。但是，宋钦宗赵桓担心他不能按自己旨意办事，借故说："卿方治兵，不可命。"改遣同知枢密院事李梲为议和使，员外郎郑望之、防御使高世则为副使。李纲认为，李梲性情怯懦，会误国事，说："宗社安危在此一举。"再次要求代替李梲为使，宋钦宗赵桓仍然不准。

李梲一行人，抵达金兵军营，看见斡离不朝南坐着，两边站列军士，手执刀枪，戒备严森。李梲等人，吓得胆战心惊，慌忙再拜帐下，膝行而前。斡离不让王汭传话：汝家京城破在顷刻，所以敛兵不攻，徒以少帝之故，欲存赵氏宗社，是我金国大恩。斡离不谋士相继说了一番威胁性话语，斡离不取出早已拟好的议和条款协议书，掷付李梲，说：这是议和条款，汝取去吧！李梲吓得冷汗直流，拾纸一看，议和条款规定：

一、北宋输金国犒师之物，金五百万两、银五千万两，绢绛各一百万匹，马、驼、驴、骡之属各以万计。

二、宋钦宗赵桓尊称金国皇帝为伯父。

三、割让中山、太原、河间三镇之地。

四、须以宰相、亲王各一人为质。

条件如此苛刻，李梲一行人，不敢作任何交涉，"唯唯不能措一辞，金人笑之曰：'此乃一妇人女子尔！'"从此，金国更加蔑视北宋。

元月十一日，李梲一行人返回，在崇政殿禀报议和情

况。宰相李邦彦、张邦昌听后，感到震惊，力主答应金国
要求，同意委曲求全的屈辱和约条款。李纲坚决反对，据
理驳斥李邦彦说："犒师金币所索大多，虽竭天下不足以充
其数，况都城乎？"接着，李纲又说："太原、河间、中山，
国家屏蔽，号为三镇，其实十余郡地，塘泺险阻皆在焉，
割之何以立国？"大臣之间，争论不休，宋钦宗赵桓问李纲：
怎么办？李纲便坚定地回答：为今日计，且遣辩使，与其磋
商，迁延数日，俟四方勤王兵齐集都城，届时不怕金兵不
退，那时，再与议和，自不至种种要求了。李邦彦怕宋钦
宗赵桓改变初衷，急忙说：都城破在朝夕，肝脑且涂地，尚
何有三镇？而金币之数，也不足较也。张邦昌亦随声附和，
赞同议和赔款，宋钦宗赵桓被李邦彦等人"所惑"①，根本不
听李纲的话，决意接受金国议和条款，诏令李纲回宋兵军
营，处理军务。同时，又遣沈晦陪金国使臣出城，表示北
宋接受金国提出的苛刻的议和条款。李纲知悉此事，来不
及阻止，愤懑满胸，嗟叹不已。

次日，金兵又攻打天津、景阳等城门，李纲亲冒敌矢，
在前线督战，守城抗金。为了有效杀伤敌兵，他招募壮士，
缒城而下，奋勇杀敌，经过一整天鏖战，北宋将士，"斩其

①《宋李忠定公文集选》卷二三《靖康传信录上》。

酋长十余，杀其众数千人，何灌力战而死"①。在宋兵反击下，至黄昏，金兵才弃尸而退。

为了履行议和条款，宋钦宗赵桓避殿减膳，搜括东京.城内金银，上至皇帝、妃后、宗室，下至娼优，家财全部凑齐，仅得金三十万两、银八百万两。东京城内，百姓家财已空，仍然不及金兵所索的赔款金额。于是第一款不能如约，宋钦宗赵桓只好陆续措缴。第二款赍交誓书，尊金国皇帝为伯父；第三款奉送三镇地图；第四款派遣少宰张邦昌为计议使，并与康王赵构前往金兵军营为人质，宋钦宗准备履行。当时，东京城内，人心惶惶。

自元月十五日以来，四方勤王之师，相继赶来援救。这时，粘没罕所率的西路金兵，仍然滞留太原；斡离不所率的东路金兵，虽然陈兵东京城下，却是孤军无援，形势极为不利。十七日，都统制官马忠从京西募兵赶到，正遇金兵扰掠郑州南门，马忠便率宋兵，乘势掩杀，驱散金兵。从此，金兵不敢肆意掠夺民财，同时，通往西部的道路始为畅通。二十日，静难军节度使种师道、承宣使姚平仲，率领泾原（甘肃泾川北）、秦凤（甘肃天水）两路兵马以及范京的京东骑兵等勤王之师，赶到东京，李纲打开安上门，

———————
①《宋史纪事本末》卷五六《金人入寇》。

亲自出城迎接。此时，东京城下宋兵已集结二十余万人马，孤军深入的金兵，不禁害怕起来。

宋钦宗赵桓在崇政殿接见宋军将领时，问种师道："今日之事，卿意如何？"种师道的意见，与李纲一致。他认为：金军统帅斡离不不知兵，离国千里，孤军深入，怎么可以持久坚持下去呢？便对宋钦宗说："三镇之地，不宜割与。"宋钦宗赵桓疑惑地说："业已讲和。"种师道又说："臣以军旅之事事陛下，余非所敢知也。"这时，斡离不又遣王汭进城，勒索北宋实施赔款。北宋君臣，聚集在政事堂，商议对策时，种师道看见李邦彦，便问："京城坚高，备御有余，当时相公何事便讲和？"李邦彦搪塞地回答："以国家无兵故也。"当即，种师道据理驳斥：京城坚固，蓄备的粮草可支用数年，虽然与敌兵交战不足，但是，防守是没问题，何况京城有百万百姓，尽是兵源，怎能说国家无兵呢？李邦彦以臣"素不习武事，不知出此"搪塞。接着，种师道又责问李邦彦：金兵未到之前，为何不让城外百姓坚壁清野，这是什么原因？李邦彦说："仓卒之际，不暇及此。"种师道听后大笑，便讥讽地说："亦大荒忙耳！"[①]在场的人，听了种、李对话，便哄堂大笑。

---

① 《宋史纪事本末》卷五六《金人入寇》。

为了更好地打击金兵，李纲要求给他统一指挥宋军的权力。但是，昏庸的宋钦宗赵桓，却另设宣抚司，授种师道为宣抚使、姚平仲为都统制，统领各路勤王军，与李纲所部分开作战。由于兵力分散，各自为阵，削弱了抗金军事力量。

勤王军相继赶到，宋钦宗赵桓一反常态，急于与金兵决战。元月二十七日，宋钦宗赵桓在福宁殿，召集李纲、李邦彦、吴敏、种师道、姚平仲、折彦质等大臣，磋商对金作战的策略。北宋君臣对"以逸待劳"、"速战速决"的决策，产生分歧。李纲根据北宋、金国的军事力量分析，认为金兵仅六万人马，离国千里，孤军深入，粮草补给有困难；宋兵已达二十多万人马，是金兵的三倍。为了有效地打击敌人，他主张：利用有利地势，"以重兵临敌营"，坚壁自守，暂勿交锋，派出少量兵力，切断金兵运输线，拖到金兵粮尽人疲北撤的时候，中途再伺机出击，可获全胜。李纲"以逸待劳"的主张，得到种师道支持。但是，姚平仲却主张"速战速决"，决意要夜劫金兵军营，生擒斡离不，迎回康王赵构。姚平仲说："士不得速战，有怨言。"种师道则坚持"以逸待劳"的策略，反对急于交战。北宋君臣，经过一番激烈争论，李纲却作让步地说："且去一试。"①同意姚

---

① 《宋史纪事本末》卷五六《金人入寇》。

平仲"夜袭金营"的主张。种师道坚持要待种师中、姚古等勤王军赶到后，再与金兵交战。宋钦宗赵桓企图侥幸取胜，赞同姚平仲的建议。经计议，约定在二月初六日夜，宋军统一行动。

斡离不很快知悉这一情报，事先做好军事部署。

姚平仲是位有勇无谋之辈，这次受到宋钦宗赵桓的重用，踌躇满志，不听种师道的节制。为了独占头功，他擅自提前行动。在二月一日晚上，姚平仲不事先探知虚实，匆忙率领一万人马，直向金兵营寨扑来。三更时分，宋兵冲进金兵军营，发现是座空寨，情知中计，急忙撤退时，忽然一声炮响，金鼓齐鸣，金兵从四面八方围裹而来。姚平仲拼死杀开一条血路，领着残兵败将，冲出重围，清点人马，折损千余人。姚平仲畏罪，不敢进城，独自远遁而去。

当日深夜，李纲生病在家。突然接到宋钦宗赵桓手诏："平仲已举事，决成大功。卿可将行营司兵出封丘门，为之应援。"[①]当即，李纲召集行营左、右军将士，出景阳门，前往援救。宋兵赶到幕天坡，正遇金兵冲杀而来，与宋兵鏖战，宋兵奋勇向前，杀敌甚多。当金兵冲击北宋中军时，

---

① 《宋李忠定公文集选》卷二四《靖康传信录中》。

李纲镇定地指挥宋军，用神臂弓还击，迫使金兵调头撤退。天明，李纲才收兵回城。

姚平仲"夜击金营"失利。宋钦宗赵桓、李邦彦等人，惊恐万分。种师道却镇定地说："劫寨已误，然兵家亦有出其不意者。"①劝谏宋钦宗赵佶，在当天晚上，派数路宋兵，袭击金兵军营。如果还不能取胜，嗣后，每日夜间，以数千兵马，扰乱敌人。这样，不到十日，金兵就要撤退。由于宋钦宗赵桓、李邦彦等人"畏懦"，不采纳种师道的意见。

陈东伏阙上书

斡离不退回营寨，大肆咆哮，召见赵构、张邦昌，"诘责用兵违誓之故"。张邦昌吓得痛哭流涕；赵构却不动声色，神态自若。斡离不觉得赵构蛮有胆量，误认为是将门之子，冒充亲王为人质，便派王㳉为使，进城指责北宋"背信弃义，破坏和议"，"且请更以他王为质"。李邦彦赶忙推卸说："用兵乃李纲、姚平仲耳，非朝廷意也。"李邦彦等主和派早就想寻机打击李纲。他们借口姚平仲败逃，造谣

_____

① 《宋史纪事本末》卷五六《金人入寇》。

宋军全军覆灭。昏庸的宋钦宗轻信谣言，慑于金国的压力，罢免李纲、种师道的职务，擢升蔡懋为亲征行营使，代替李纲守城。同时，派使臣赴金营，送上割让"三镇"地图，解释"夜袭金营"不是宋钦宗赵桓的主意，再三向金国谢罪求和。

李纲、种师道罢职，举国震惊，东京军民对北宋主和派深恶痛绝。二月初五日，千余名太学生，怀着爱国激情，在陈东率领下，到宣德门前上书说："李纲奋勇不顾，以身任天下之重，所谓社稷之臣也。李邦彦、白时中、张邦昌、李棁之徒，庸谬不才，忌嫉贤能，动为身谋，不恤国计，所谓社稷之贼也。陛下拔纲，中外相庆，而邦昌等疾如仇雠，恐其成功，因缘沮败。且邦彦等必欲割地，曾不知无三关、四镇，是弃河北也。弃河北，朝廷能复都大梁乎！又不知邦昌等能保金人不复败盟否也？邦彦等不顾国家长久之计，徒欲沮李纲成谋以快私愤。李纲罢命一传，兵民骚动，至于流涕，咸谓不日为虏擒矣。罢纲非特堕邦彦等计中，又堕虏计中也。乞复用纲而斥邦彦等，且以阃外付种师道。宗社存亡，在此一举，不可不谨。"[①]

东京军民，知悉太学生伏阙上书，不约而同赶来声援。

---

① 《宋史纪事本末》卷五六《金人入寇》。

宣德门广场及广场附近的大街小巷，全被百姓阻塞。军民
激愤，"呼声震地"[①]，宫廷门外的登闻鼓咚咚咚响个不停，
鼓皮被百姓擂破了。宋钦宗赵桓吓坏了，急忙派吴敏前去
弹压，但不奏效。吴敏只好收下太学生奏牍，回宫禀报，
要求宋钦宗赵桓启用李纲和种师道，借以平息民愤。此时，
李邦彦入朝，遇见请愿民众，吓得拔腿就跑，"众数其罪而
骂，且欲殴之，邦彦疾驱得免"。宋钦宗赵桓惧怕发生内
乱，迫于形势，派内侍朱拱之宣召李纲。但是，"内侍朱拱
之宣纲后期，众脔而磔之，并杀内侍数十人"。开封府知府
王时雍，赶忙派几十名差役，前来弹压，却被声势浩大的
群众赶走。宋钦宗赵桓惊恐万分，又让亲信大臣耿南仲至
宣德门楼宣谕："已得旨宣纲矣。"但是，群众仍然不肯离散。
在这种情况下，户部尚书聂昌来到宣德门广场，传出谕旨：
复李纲为右丞、京城四壁防御使，种师道为宣抚使职。接
着，李纲和种师道乘车入宫，请愿军民，欢声雷动，高呼：
"果我公也。"[②]随之散去。

斡离不知悉太学生伏阙上书，误认为城内无备，便驱
兵攻打咸丰门。但是，蔡懋是主和派，一向反对坚守抗战。
此时，大敌临攻，竟禁止宋兵还击，下令：当金兵逼近城

---

① 《宋李忠定公文集选》卷二四《靖康传信录中》。
② 《宋史纪事本末》卷五六《金人入寇》。

池，"不得辄施放，有引炮及发床子者，皆杖之"。对此，宋军将士，十分愤怒。宋军不敢还击，金兵似潮水般涌向城下，架起云梯，准备登城。东京城池危在旦夕之际，李纲赶到，收回蔡懋军令，指挥宋军，奋起抗敌。李纲下令说："施放自便，能中贼者厚赏！"①顿时，宋军士气大振，奋勇杀敌。城上火炮齐鸣，万箭齐发，打得金兵弃尸溃退。随之，李纲又率宋军平息内侍梁方平暴乱。

　　斡离不知悉李纲、种师道复职，北宋各地勤王军日益增加，东京守备坚固，形势对金兵不利。于是，派王汭入城，要挟北宋朝廷实施"宋金和约"条款。在金使威迫之下，宋钦宗赵桓写了割让"三镇"诏书，遣肃王赵枢至金兵军营为人质，换回康王赵构、张邦昌。二月初十日，斡离不没等到北宋缴完赔款数额，在取得割让"三镇"诏书后，便裹挟着赵枢，退师北归。东京解围，金兵北撤时，李纲主张派遣宋兵随后追击，乘金兵北归渡河之时，发动袭击。但是，宋钦宗赵桓、太宰李邦彦极力反对。时过三日，宋钦宗赵桓才同意派兵护送金军出境。宋兵出发时，李纲暗中授意姚古，率兵直追，途中伺机袭击金兵。但是，北宋大臣之间，政令矛盾，"李邦彦立大旗于河东、河北，有擅

---

　　① 《宋李忠定公文集选》卷二四《靖康传信录中》。

兵者，并依军法"①。同时，又命令宋兵退军。北宋将士途中接到军令，不敢出击，眼看着金兵"厚载而归，辎重既众，驱虏妇女不可胜计"②。缓缓向北撤归。种师道感叹地说："异日必为国患。"③

李邦彦放走金兵，人人切齿。在正直大臣弹劾下，宋钦宗赵桓罢免他太宰之职，擢张邦昌为太宰、吴敏为少宰、李纲为知枢密院事、唐洛为中书侍郎、耿南仲为左丞、李棁为右丞。李邦彦罢职后，旧贼虽然除去，但是新贼又生。赵桓未登极前，耿南仲是东宫太子赵桓旧宫官，如今，赵桓登上皇帝位后，又属朝廷亲信大臣。于是，他纠集唐洛等一批朝臣，结为死党，极力主张议和、与金国妥协，处处打击、排挤以李纲为首的主战的大臣。

翦 除 奸 佞

东京被围，逃到镇江避祸的太上皇赵佶，与宋钦宗赵桓久绝音信，由于各自亲信的挑拨，赵氏父子之间产生猜忌，互不信任。当金兵撤退北归后，太上皇赵佶准备回京，

---

① 《宋史纪事本末》卷五六《金人入寇》。
② 《宋李忠定公文集选》卷二四《靖康传信录中》。
③ 《宋史纪事本末》卷五六《金人入寇》。

东京城内却谣言百出：有的说太上皇赵佶欲复辟，有的说童贯谋叛，议论纷纷，莫衷一是。这时，太学生陈东、布衣张炳向朝廷上书说："乞诛蔡京、蔡攸、童贯、朱勔、高俅、卢宗原等。"耿南仲、唐洛忌太上皇赵佶回京后，会削弱自己权力，便极力主张派兵前往镇压。宋钦宗赵桓采纳耿南仲、唐洛主意，授聂山为东南发运使，率兵南下。李纲却认为，外患未平，国内需要安定团结，便极力劝阻宋钦宗赵桓说："使山所图果成，震惊太上，此忧在陛下。万一不果，是数人者挟太上于东南，求剑南一道，陛下将何以处之？莫若罢山之行，请于太上，去此数人，自可不劳而定。"[①] 经李纲劝谏，宋钦宗赵桓撤销兴师动众的军令，停止调兵遣将，派李纲前往南京（河南商丘），迎接太上皇回京。

这时，右谏议大夫杨时，奏劾童贯、梁师成等人罪状；侍御史孙觌等人，数列蔡京父子的罪状。于是，宋钦宗赵桓贬梁师成为彰化军节度副使，蔡京为秘书监，童贯为左卫上将军，蔡攸为大中大夫。这些奸佞，虽被贬谪，尚不能平民愤。宋钦宗赵桓在朝野舆论迫使下，派开封府官吏，把梁师成处死于八角镇，籍没其家产。蔡京、童贯在朝掌

①《宋史》卷三五八《李纲传上》。

权二十余年，朝廷内外百官，多出自其门；亲信党羽，密布各地。此时，蔡京和童贯遭到贬职后，在朝百官相继上章弹劾，群起而攻之，就是原来的亲信，亦怕祸及自身，交章攻讦。不久，蔡京死于潭州（湖南长沙市），其子孙二十三人，分别逃窜远处；宋钦宗赵桓派监察御史张澂，斩童贯于南雄州（广东南雄）；朱勔、蔡攸和蔡絛等人，也在流窜地处斩；高俅被罢去太尉官衔。

李纲赶至南京（河南商丘），向太上皇赵佶禀报守城抗金事宜。赵佶诘问二十多件事，他一一作回答。赵佶消除猜疑，决定回京，共商抗金复国大计。李纲回到东京以后，耿南仲、唐洛一伙人，妄想挑起内战、制造分裂的阴谋，也就彻底破产。

三月廿七日，北宋君臣，在资福寺迎候太上皇赵佶时，"耿南仲建议欲尽摒道君左右内侍"，在行宫门前，贴着榜文说：太上皇赵佶的随从，"敢留者斩！"同时，耿南仲又指使差役，搜查赵佶随从行李。当即，李纲向前制止，并与耿南仲激烈争论，耿南仲理亏，只好愤然退离。

随之，在睿思殿朝会上，耿南仲便攻击李纲，说："左司谏陈公辅乃二月五日为李纲结构士民伏阙者。"要求朝廷把陈公辅送御史台治罪。在场文武百官，感到"愕然"。李纲便为自己辩护说：刚才与耿南仲争论，"实为国事，非有私意"①，要求宋钦宗赵桓，对"伏阙上书"一事进行查处。但是，宋钦宗赵恒，偏袒耿南仲，对李纲仅予搪塞。

太上皇赵佶回京以后，宋钦宗赵桓认为天下太平，可以"马放南山，刀枪入库"。把金国威胁放在脑后；举朝上下，沉醉在欢乐之中。李纲认为：秋后，金兵定会再度南侵。这时，他为国家安全担忧。

---

① 《宋李忠定公文集选》卷首二《行状》。

第四章　第二次罢官

献 计 防 金

粘没罕率领的西路金兵，久攻太原不下，知悉斡离不在东京掠夺得大批财物，也派使臣南下，向北宋勒索财物。宋钦宗赵桓认为斡离不已经撤兵北归，形势好转，便拘留金国使臣，显示一下威风。金使被北宋拘留，粘没罕大怒。二月中旬，西路金兵分兵南下，相继攻下忻州（山西忻县）、代州（山西代县），刘光世所率宋兵败退。随之，金兵进入南北关，攻下隆德府（山西长治），进入高平（山东高平）。金兵撕毁和约，这给北宋主和派有力打击，在正直大臣弹劾下，宋钦宗赵桓罢免李邦彦、张邦昌宰相之职，擢升吴敏为太宰、徐处仁为少宰、李纲为知枢密院事、许翰同知枢密院事，准备迎战。同时，诏令三镇宋军："金人叛盟深入，其元主和议李邦彦，奉使许地李梲、李邺、郑望之，悉行罢黜。"随之，又下诏书："金人要盟，终不可保。今粘没罕深入，南陷隆德，先败原约。朕夙夜追咎，已黜罢主和之臣。其太原、中山、河间三镇，保塞陵寝所在，誓当固守。"[1] 于是再度起用种师道为河北宣抚使，驻滑州（河南滑县东阳县）迎敌；任命姚古为制置使，领兵援救太原；命种师中为制置副使，增援中山（河北定县）、河间（河北河间）等地。斡离不还军途中，派兵前去占领中山、河间时，固守两镇的宋兵奋起抵抗，英勇杀敌。斡离不见金兵久攻不下，只好撤兵，退回云中（山西大同）。

在军事上，北宋相继取得几次胜利后，宋钦宗赵桓"置事于不问"[2]，门下侍郎耿南仲、中书侍郎唐洛和尚书何㮕等人，极力主张对金妥协、议和。对此，李纲极为忧虑，便针对北宋朝廷轻敌、妥协等弊端，奏进加强边防、抗金救国两条计策，要求朝廷"审地势，观事机，分兵控扼要害之地"；派遣宋兵"左右出入，纵横应援，曲尽其妙"[3]。在边境重要战略地带，驻扎重兵，迫使金兵不敢轻举妄动，国家才有安宁。

由于金兵四出侵扰，掳掠杀戮，中原百姓弃尸遍野，

---

① 《宋史纪事本末》卷五六《金人入寇》。
② 《宋李忠定公年谱》。
③ 《宋李忠定公奏议选》卷三《论守御札子》。

臭闻数百里；河北、河东各州县，受害极深，当地官吏、军民对金兵暴行，极为仇恨。他们主张抗金保国，李纲便顺应民意，又向宋钦宗赵桓进奏《备御八事》（《宋李忠定公奏议选》卷三），要求朝廷：

一、在太原、中山、河间"建为藩镇"，选派有文武才干、能献身抗金保国的人担任"帅"职；允许"藩镇""收租赋以养将士，习战阵，为唇齿以捍金人，可无深入之患"。在沧州、宜分、滨棣等州县，仿照"三镇"建制，授予军、政、财权力，如果金兵入侵，这些州、县官吏，就有权调兵守土，从战略上钳制敌人。同时，起着保卫京城安全的作用。

二、在河北、河东地区，恢复仿照"熙丰以来"的"保甲"制度。乡村民户，以十户组成一保，五十户组成一大保，十大保为一都保。同时，由主户中"物力最高"、"有才干心力者"充当保长、大保长和都保长。让他们有权召集因战乱而流散人口充当保丁，训练武艺，组成一支庞大的地方武装。让这些"保长"征用本地租赋，充作军费，抗金守土。

三、责令河北、河东各州县，划定一定数量的土地，奖励农民牧马，以资军用。为了发展养马事业，规定：义勇保甲愿养马者，每户给种马一匹；家产多的，可供种马两匹。养马三等以上户，以十户为一保；四、五等户，以十户为一社。马病死，保甲马由保主给予赔偿；社马由社赔一半。

四、整治水利，疏通河道，修复河北塘泺，客观上可以阻止金国骑兵迅速南下。

五、修缮和加固河北、河东各州县城池，增置楼橹，备足火炮、弓箭等武器。

六、由于连年自然灾害，金兵洗劫蹂践，河北、河东地区的老百姓，处在水深火热之中，在这种情况下，朝廷应"优免租税，以赈恤之"，借以安定人心。

七、采取一切措施，"储蓄丰衍"，有了充足粮草，才能养兵守土，抗击金兵入侵。

八、要求朝廷拨出一定数量款项，发展煮盐生产，解决河东、河北、陕西地区的食盐问题。

幽州以北的燕山山脉，由西面的潮白河河谷起，向东延伸到海边的榆关（山海关），是河北平原的天然防线，被金兵占据后，北宋欲进行自卫战争，更加困难。为防止金兵再度南侵，李纲主张修复边境上"塘泺"。这项工程，东自安肃、广信、平凉等地，西至太行中间，全长三百里的"塘泺"，应疏通河道，加固长堤，蓄足水流；无水源地段，修筑城堡，屯兵扼守，或且深挖濠堑。这项军事设施建成，即可起阻止金兵迅速南下的作用。

随即，李纲又向朝廷进奏《乞修边备添置参谋编修官札子》（《宋李忠定公奏议选》卷三），指出宋徽宗赵佶在位二十多年，"军政不修"，北宋军队"将骄卒惰，赏罚无章，每战辄北，兵既寡弱，民又凋弊"，招致金兵入侵；中国如此懦弱，是北宋历史上前所未有过的。李纲认为，"秋凉马健"时，金兵定会再度南侵，届时形势更加严峻。在这种情况下，他要求朝廷，迅速采取应急措施："一曰选将、二曰募兵、三曰训练、四曰保甲、五曰马政、六曰缮器甲、七曰峙粮草、八曰修城壁，九曰增塘泺、十曰置堡寨。"在国事艰难之秋，李纲主张广开门路、招纳贤能，屏退奸佞；举国上下，齐心协力，抗金保国。同时他建议朝廷，"辟置参谋官"，选派四名有才干的官吏，担任此职；在"参谋官"下置编修官二人，协助朝廷，筹划抗金军机大事。但是，宋钦宗赵桓认为金兵已退，"朝廷恬然遂以为无事"[1]，对李纲一系列建议，搁置一边。在这种情况下，有关军事布防仅在枢密院职权范围内进行，但是，又遭到耿南仲、唐洛等人阻挠，无法实施。

---

[1] 《宋李忠定公年谱》。

身 遭 诋 毁

宋钦宗赵桓为了排除异己，巩固自己的地位，采纳少宰吴敏的建议，设置详议司，任命李纲、吴敏和徐处仁为提举官，授予他们主持改革弊政大权，企图刷新政局。李纲对宋钦宗赵桓意图认识不清，却认为这是施展抱负大好时机，针对不少官吏倚仗权势，横行霸道、鱼肉百姓等弊端，向宋钦宗赵桓指出，国家正处在"艰危之时"，"朝廷玩愒，未闻有所变革"。因此，他要求宋钦宗赵桓首先做出榜样，停止无度挥霍，过节俭生活；裁减冗官，杜绝冒领俸禄，凡是"耗蠹邦财者，宜稍裁抑，以足国用"；严办贪官酷吏；录用一批具有文才武略的人才，到各州县任职；取消巧立名目的额外赋税，免除百姓历年积欠的租贷，赈恤灾民，休养生息；诏令各州县，加固城池，训练军队，制造军械，扼守要道，防御金兵再度入侵等。李纲的建议，违背宋钦宗赵桓的意图，又遭到耿南仲的反对，于是无法实施。不久，宋钦宗赵桓忌李纲深得民心，在耿南仲蛊惑之下，便废除详议司，停止改革。

以李纲为首的主战抗金的将领，得到全国军民的拥护，却遭到主和派排挤、打击。耿南仲、唐洛等人，蛊惑宋钦宗赵桓，借口种师道年老无用，便解除其兵权。随之，又在大街小巷张贴公告，曰："知枢密院事李纲，陈请裁减下项。"在东华门前，悬挂榜文曰："守御使司给诸军卸甲钱，多寡不均，御前特再行等第支给。而守御使司初未尝给卸甲钱也。"顿时，东京城内，谣传四起，说：李纲担任四壁守御使期间，克扣军粮，贪污军饷。李纲知悉诋毁他的言论，十分惊骇。经了解才知道：宋钦宗赵桓"以公（李纲）得都城军民之心者，欲以此离散之"。因此，李纲极为"忧惧"。

五月间，北宋主和派借口在东京被围期间，李纲任命了两名进武副尉，弹劾他接受贿赂、鬻爵卖官。昏庸的宋钦宗赵桓，不作核实，便在奏疏上批示"惟辟作福，惟辟作威"，"大臣专权，浸不可长"等话。李纲横遭中伤，内心无比痛苦，便上表为自己辩白说："始亲征行营及守御使司，得旨'一切以便宜行事'，给空名文武告敕宣帖等三千余道。自置司以来，用过三十一道而已。此两人者，乃赍御前蜡书至太原，当时约以得回报即以补授，故今以空名帖补讫奏闻，乃遵上旨，非专权也！"[①] 李纲在奏疏中指出，这是耿南仲一伙人对他的攻击、陷害，表示要辞职归田。宋

---

① 《宋李忠定公文集》卷首二《行状上》。

钦宗赵桓对李纲不予信任，他怕引起朝野官民的不满，便假意安慰，劝勉他继续留任。

援 救 太 原

北宋朝廷中主战派与主和派斗争十分激烈之际，粘没罕亲自领兵，再度攻打太原。"太原坚壁固守，粘没罕屯兵围之"[①]。姚古、种师中奉命前往救援。姚古所部顺利收复隆德府（山西长治）。五月，种师中所部乘胜收复寿阳（山西寿阳）、榆次（山西榆次）等县，便留屯在真定（河北正定）。北宋朝廷获知宋军获胜，让许翰促督种师中进兵。但是，种师中老成持重，不欲急进，受到朝廷指责，只好轻率进兵，并与姚古相约，联合攻击金兵。种师中无法做好充分准备，军中粮草缺乏，宋兵进入寿阳石坑时，遇到金兵南下，经交战，宋兵五战三胜，随之转趋杀熊岭，距太原约有百里路程，等待姚古所部会师。但是，姚古失约，不能如期赶至。种师中所部，竟是孤军深入，遭到金军重兵围攻，种师中率部死战，当欲领兵突围时，身被四创，力战而死。嗣后，金兵乘胜南下，击败姚古所部。姚

----

① 《宋李忠定公年谱》。

古兵败，退守隆德。这时，驻守在滑州的种师道，获知其弟种师中战死，悲伤成疾，以年老多病为借口，辞去宣抚使职务。耿南仲接到宋军败报，惊惧万分，主张派使臣赴金国议和，劝谏宋钦宗赵桓放弃"三镇"，息事宁人，以图苟安。耿南仲为了达到向金国乞和的目的，进言让李纲率兵援救太原；宋钦宗赵桓也嫌李纲敢言、多事，"纳议者之说"，授李纲为河北、河东宣抚使，"督将士解围"太原。李纲知道这是耿南仲的阴谋，便上章曰："臣本书生，素不知兵"，"今使为大帅，恐不胜任，且误国，死不足以塞责"。相继上章十余次，极力推辞。宋钦宗赵桓决意不准，"且督令受命"。这时，不少"台谏"，相继上疏曰："公（指李纲）不当去朝廷。"宋钦宗赵桓却认为"大臣游说"，一一加以训斥。于是，再也无人敢替李纲仗义执言。与李纲友善的大臣，便对他说：这次派你领兵援救太原，不是为了"边事"，其目的是借故赶你出朝廷，这样才可欺骗舆论。李纲不肯受命，京城谣传四起，恣意攻击李纲。许翰书"杜邮"二字，送给李纲。暗示：李纲若不受命，将有杀身之祸。李纲经过冷静反思，认为援救太原，这倒是自己报效国家，杀敌立功的机会，便决意受职。他要求朝廷拨给军队二万人马，军需银绢钱各百万。但是，朝廷仅拨军一万二千人，军需费用二十万，限他六月二十二日率兵出发。由于"庶事未办集"，李纲便上章请求推迟行期，宋钦宗赵桓批示："迁延不行，岂非拒命？"李纲极感"惶惧"，上章申报延期原因，表示在六月二十五日出发。李纲到职，查明种师中兵败身亡、姚古失约的事由，因其所部焦安节虚报军情，涣散军心，蛊惑姚古退守隆德，导致宋兵溃败。为肃整军纪，伸张法度，李纲将焦安节正法。经奏准朝廷，又把贻误战机的河北制置使姚古贬谪广州，封赠种师中为少师。此时，北宋朝廷授刘韐为河北、河东宣抚副使，解潜为置制副使，代姚古之职，折彦质为河东勾当公事。

李纲治军严格，"禁士卒不得扰民，有敢夺妇人钗子者，立斩以徇；拾遗弃物，决脊黥配；逃亡捕获者皆斩"。宣抚司军务处理完毕，时值七月，他率部进驻河阳（河南孟县），行军途中，军纪严明，秋毫无犯。

在河阳驻扎十几天，他着手"训练士卒，修整器甲之属"；李纲分析宋、金军事力量，认为：金国骑兵多，北宋骑兵少而步军多，便造战车千余辆，每辆战车配战士二十五人，每人手"执弓弩枪牌之属以辅，翼之结阵以行，骑兵遇上，均不能越过"。宋军经"日肆习之，俟防秋之兵集，以谋大举"[1]。他率兵进驻怀州（河南沁阳）。同时，遣

---

[1]《宋李忠定公文集选》卷首二《行状上》。

解潜驻扎威胜军，刘鞈守辽州，幕官王以宁和都统制折可求、张思正等屯汾州（山西汾阳），范琼防守南北关。同时，申令三路宋军，同时并进，共援太原。

正当李纲誓师御敌之际，宋、金使臣往返频繁，宋钦宗赵桓采纳耿南仲、唐洛等人建议，解散各地勤王之师，决意向金国乞和。因此，李纲向朝廷进奏《论不可遣罢防秋人兵札子》（《宋李忠定公奏议选》卷四），指出："中国军政不修"，在近三十年间，宋军号称百万，由于兵源得不到补充，老弱病残又无裁减，人员缺额者"过其半"。现有的禁兵和厢兵，没经严格训练，军事素质甚差，一经与金兵作战，溃不成军，导致金兵长驱直入，"使之割三镇，质亲王，劫取金帛以亿万计，骑虏士女，屠戮良民不可胜数，誓书之言，所不忍闻此"。如今，"三镇"军民，拒绝割让，击退金兵。但是，太原仍被金兵包围，河北、河东形势仍然严峻。李纲根据敌情分析，认为在秋后金兵即会再度南侵，责难北宋实施和议条款，割让"三镇"，索取赔款不足的金额。在金兵南犯之前，李纲主张"起天下之兵，聚天下之力"，镇守"河北沿边雄霸等二十余郡"，中山、河间、真定、大名、横海所辖十余州军；同时，派遣重兵，"解太原，收复忻代，以捍金人、夏人连兵入寇"。但是，昏庸的宋钦宗赵桓认为，金兵主力已退，"不须动天下之兵，而自可无事"①。不仅不遣师北上抗金，反而解散各地勤王军。因此，李纲又上章朝廷，指出解散勤王军之举，将会失信于民，导致宋军"将士"解体，要求朝廷派兵北上，抗金守土。但是，宋钦宗赵桓对李纲的建议和要求，置之不理。

耿南仲、唐洛等人，十分忌讳李纲手握兵权，会妨害他们与金国议和，便暗中命令刘韐、解潜等将领由朝廷直接指挥，不必受李纲约束。太宰徐处仁、少宰许翰等大臣，力主速战速决，便下令各路宋兵，迅速援救太原。刘韐接到命令，恃勇先进，孤军与金兵奋战，不能敌，当即败退；随之，解潜继进，抵达南关时，也被金兵击败；张思正等人，领十七万人马，进取文水，袭击金营寨，获得小胜，次日再战，竟被金兵打得溃不成军，损失数万人马；折可求部也被金兵击溃，退驻子夏山。于是，威胜、隆德、汾、晋、泽、绛等州县的黎民百姓，闻风而惊，渡河南逃。所有州县，已成空城。这时，李纲十分愤慨，上书陈言，指出这次宋军失利，原因是朝廷政出多门，宣抚司节制不专，导致宋兵溃败。为了解救太原，预防金兵再度南侵，他要求朝廷授予统一指挥权，命令各路宋兵同时进兵，才可击败金兵。李纲正要调湖南统制范雄率兵北上；同时欲招集溃

---

① 《宋李忠定公文集选》卷二五《靖康传信录下》。

散宋兵，准备亲自领兵迎敌时，宋钦宗赵桓，诏令李纲"不得轻易进兵"。李纲接到诏令，感叹万分。时值八月，金太宗吴乞买，授粘没罕为左副元帅、斡离不为右副元帅，仍以东、西两路进兵。北宋君臣震惊，徐处仁、许翰主张奋起抗战；耿南仲、唐洛等人主张割地求和，说："非归租赋，则割地以赂之，和议可以决成。"主战主和，争论十分激烈之际，宋钦宗赵桓却庇护耿南仲、唐洛之流，罢免徐处仁、许翰、吴敏等人之职，迁唐洛为少宰，何㮚为中书侍郎、陈过庭为尚书右丞，聂昌为同知枢密院事，李回签书枢密院事。从此，北宋主和派掌握了朝中军政大权，便派著作佐郎刘岑、太常博士李若水为使，前往金国议和，企图缓延金兵南下。刘岑、李若水返回东京，宋钦宗赵桓知悉：金国坚持索要所欠赔款数额，要求北宋割让"三镇"。于是，改派刑部尚书王云出使金军，"议以三镇兵民不肯割地，愿以租赋代割地约"。金将粘没罕、斡离不玩弄两面手法，当即答应议和，接受王云的要求。但是，又加紧军事进攻。王云回京禀报后，宋钦宗赵桓对金国许诺信而不疑，便诏令李纲回京。授老将种师道为同知枢密院事，接替李纲职务。

九月初，李纲办完移交，在返京途中，接到授他为观文殿大学士兼知扬州的命令。这时，宋、金使臣往来，宋钦宗赵桓怕李纲回京后，力主抗战，便以"专主战议，丧师费财"等十大罪名，把他又降为提举亳州明道宫、保静军节度副使，流放到建昌军（江西南城）。李纲上章辩白，宋钦宗赵桓恼羞成怒，"以惑众听"[①]之罪，又把他贬谪到江州[②]（江西九江市）。

"靖康"之耻

李纲遭贬，旋即南归。粘没罕挥师猛攻太原。太原被围八个多月，城中粮绝，军民先食牛马，后食草根、树皮、弓弦。在城无存粮、后无援军之际，太原知府张孝纯、副都总管王禀率领军民，坚持抵抗，奋勇地打击敌人。金兵架起三十座大炮轰城，王禀在城上筑起木栅栏，用布袋盛满糠粉，堆放在木栅栏前，作为掩护防御设施；金兵用木料填塞护城壕沟，宋兵放火烧毁。九月初三日，金兵才攻破城池，太原军民忍着饥饿，在王禀领导下，与金兵进行巷战，因寡不敌众，王禀自杀，通判方笈等三十六人遇害，知府张孝纯被俘后降金。

八月，粘没罕领兵从保州（河北保定）南下，围攻真定

---

① 《宋李忠定公文集选》卷首二《行状上》。
② 《（光绪）邵武府志·人物列传·李纲》。

（河北正定），知府李邈、兵马都钤辖刘翊，曾向朝廷告急二十四次，宋钦宗赵桓却置之不理。真定军民坚守了四十多天，城池终被金兵攻陷。李邈被俘，粘没罕用火灼他，威逼他降金，李邈坚贞不屈而遭杀害；刘翊领兵巷战，壮烈牺牲。

九月下旬，粘没罕、斡离不合兵一处。十月初，金兵长驱南下，沿途烧杀，洗劫民财，激起中原地区军民愤怒，他们自动组成义军，保乡守土，打击敌人。出现民众抗金保国浪潮日益高涨的局面。磁州（河北磁县）、相州一带，义军达数万人。

金兵逼进，宋军败退，北宋君臣，吓得惊慌失措，宋钦宗赵桓急忙召集百官，商议对策。唐洛、耿南仲之流，仍然坚持向金割地求和，遭到谏议大夫范宗尹反对。兵部尚书吕好问提出折中建议：集结各地勤王军，前来保卫东京。但是唐洛、耿南仲决不允许。此时，各地勤王军，获知京城危机，便自动赶来救援，唐洛却下令停止勿进，迫使勤王军反旗而去。种师道率领西南西路的宋兵，前来援救京城，在途中，接到唐洛、耿南仲的号令，气得旧病复发，气竭身亡；全军将士，愤然散走。

十月二十四日，金兵相继攻下平阳府（山西临汾）、怀州（河南沁阳），抵达黄河北岸的河阳。宋将折彦质和李回带领步兵十二万、骑兵一万，防守在黄河南岸。金兵到北岸后，打了一夜战鼓，对宋兵进行恫吓。宋兵听到鼓声，以为敌兵发动攻击，吓得全军溃散。十一月十三日，金兵渡过黄河，直指东京。

此时，东京城内，警报不断，宋钦宗赵桓慌忙派康王赵构为使、王云为副使，前往金兵军营求和。十一月中旬，赵构一行人抵达磁州，被知州宗泽留住；副使王云投金叛国，被磁州民军识破，便把他杀死。正值金兵临近，赵构在相州知州汪伯彦邀请下，转道留居相州。闰十一月初二日，金兵把东京包围。此时，守城的宋军仅七万人马，形势比第一次险恶。

闰十一月初三日，宋钦宗赵桓面临绝境，才省悟"前以和议为然者，举皆误国"①。便决意起用李纲，授他为资政殿大学士兼知开封府。并下诏书，派人南下，催李纲迅速北上就职。由于道路阻绝，时过数月，李纲才收到复职诏书。其时金兵已破京城，北宋灭亡。

同时，宋钦宗赵桓又下了道诏书，派人缒城而出，赶至相州，授赵构为天下兵马大元帅职，宗泽和汪伯彦为副元帅，诏令他们率领各地勤王军，援救京城。赵构获知东

---

① 《宋李忠定公文集选》卷首二《行状中》。

京危急，领兵八万，前往救援。行军途中，又接到北宋朝廷诏令：和议正在进行，切勿进军。汪伯彦也力主议和，便从旁劝阻，要求赵构留在相州；宗泽无奈，只好领兵二千出发。赵构和汪伯彦逃到东平（山东东平）；宗泽由大名赶到开德（河南濮阳）。

东京第二次被围，畏葸昏聩的宋钦宗赵桓，竟迷信神鬼，妄图用"六甲法"神兵退敌。当时，东京城内，有位骗子郭京，自称能用"六甲法"打退金兵，活捉粘没罕、斡离不。宋钦宗赵桓却信而不疑，授郭京为成忠郎，妄想用所谓"神兵"退敌。他竟花了大批钱财，在十天以内，招纳七千七百七十九名的所谓"神兵"，交给郭京训练，择闰十一月二十五日为"吉日"，郭京领着神兵，从宣德门出城。这些"神兵"，一经与金兵接战，全军溃败，郭京亦乘机溜走。金兵乘胜攻陷东京城。

金兵破外城，占领城垣，遭到东京军民英勇反击，不敢占领全城，便假意宣称愿意讲和退兵。在这严峻时刻，宋将吴革请求领兵出战；太学生丁特起上书，呼吁朝廷奋起抗战；几万名军民，劈开宫门，求见宋钦宗赵桓；卫士长蒋宣率数百人，欲保护宋钦宗赵桓突围而去，却被兵部尚书吕好问所阻止。在这混乱之际，宋钦宗赵桓不顺民意，却劝请愿军民解散。激愤的东京军民，决心巷战，与金兵拼个死活。

东京军民抗金呼声高涨，粘没罕、斡离不玩弄欺骗手法，要宋钦宗赵桓抵金军兵营议和。闰十一月三十日，在金兵威吓下，宋钦宗赵桓决意赴约。当其出城后，东京百姓立在泥泞不堪的雪地上，等候宋钦宗赵桓回城，以示百姓爱国表现，绝不是人民拥护皇帝。

宋钦宗赵桓在金兵军营时，让太宰何㮚起草降表，无耻地跪在粘没罕、斡离不面前称臣，答应赔款金一千万锭、银二千万锭、帛一千万匹。十二月初二日，金军才放他回城。随即，金兵入城，检视府库，拘收文籍，查封九十二个内藏库。宋钦宗按金军旨意，下令搜括民间金银；同时，遣使臣赴河北、河东，诏令各州县开城降金，但是遭到当地军民拒绝。

靖康二年（1127年）正月，北宋没按期交付如数金银，金兵以此为借口，强迫宋钦宗赵桓至军营为人质。于是，北宋增派二十四名大臣，发掘宗室、国戚、内侍、僧道、技卜、娼优家藏的金银。经过八天，仅得金二十四万八千两、银六百万两、帛一百万匹。接着，又搜括十八天，数量仍然差距很大，因此，二十四员北宋大臣中的提举官梅执等四人，惨遭杀害；其余二十人，均被金人鞭背五十。金兵暴行，激起东京军民义愤，他们准备武装反抗，却被开

87

封府禁止。此时，北宋君臣已成金国镇压老百姓的帮凶和走狗。

在东京城内，金军不仅搜括金银绢帛，还索取北宋皇帝宝玺、仪仗、天下州府图、乐器、祭器及各种珍宝古董。同时，掳走百工、技艺、妇女、内侍、僧道、医卜、娼优和后妃、公主等三千余人，以满足女真贵族奢侈享乐的需要，充分暴露金国的侵略野性。不久，宋徽宗赵佶也被押送金军兵营。金太宗吴乞买下诏：废宋徽宗赵佶、宋钦宗赵桓为庶人，随军掳走当奴隶。从此宣告了北宋的灭亡。

三月间，金国册立张邦昌为傀儡皇帝，国号称"大楚"，指定建都金陵（江苏南京市），让这个汉奸政权，统治黄河以南原北宋疆土，借其力镇压南方人民抗金斗争。

这时，粘没罕、斡离不看到东京军民抗金斗争情绪益发昂扬，又知悉宗泽率领的勤王军赶至，便决定撤兵。自三月二十七日开始，金兵裹挟着赵佶、赵桓，赵氏宗室男女、文武百官三千余人，以及大批珍宝玩物、天文仪器和工匠、艺人等北归。四月初一日，才全部撤完。

金兵第二次南侵，不仅东京附近州县惨遭劫掠烧杀，甚至山东、河南等州县，也受到掳掠杀戮之害。中原地区，田园荒芜，百姓弃尸遍野，臭闻数百里。逃亡的百姓，冻馁而死，或是妻离子散的，难以胜计。东京失陷后，金兵纵火焚屋，三日不绝；百姓财物被洗劫一空，昔日繁华的京城，瓦砾遍地，城中居民饥寒交侵，疾疫连绵，死尸枕藉。广大中原地区，从城镇至乡村，所遭的灾祸，自古以来，从未所闻！北宋虽然灭亡，中原人民没有屈服，他们纷纷组织义军，守土抗金。

第五章 再度起用

靖康元年（1126年）十月，李纲被贬谪江州，当即南下。次年二月，途经湖南长沙，由于战乱，"道路阻绝"[①]，无法继续南下，便暂居长沙漕厅翠霭堂，"作《靖康传信录》"[②]一书。靖康二年（1127年）四月，才接到复职资政殿大学士、领开封府事的诏书。李纲当即率领湖南勤王军，从巴陵（湖南岳阳）上船出发，北上抗金。

北 上 途 中

建炎元年（1127年）五月初，李纲到达繁昌，知悉东京已陷，宋徽宗赵佶、宋钦宗赵桓被金兵裹挟北归，金国册立张邦昌为"大楚"皇帝，便"号恸几绝"，心情十分痛苦。

---

① 《宋李忠定公文集选》卷二六《建炎进退志总叙上之上》。
② 《宋李忠定公年谱》。

　　李纲正处在失望、彷徨之际，收到康王赵构从山东寄来的手札，说："乘舆蒙尘，闻之心焉如割，已令会兵追击，冀遂奉迎而归。方今生民之命，急于倒垂，谅非不世之才，何以协济事功。阁下学究天人，忠贯金石，用是复公旧职，泽被斯人，功垂竹帛，乃公素志。想投袂而起，以振天下之溺，以副苍生之望。"[1]李纲看完赵构书札，寄予一线希望，振作精神，挥师北上，投奔赵构。

　　北宋灭亡，不少文臣、武将继续抗金，有的便投敌。在济州（山东巨野）的康王赵构，尚有兵士八万余人。靖康元年（1126年）十一月，东京再度被围，宋钦宗赵桓曾任命赵构为河北兵马大元帅，知磁州宗泽、相州知府汪伯彦、高阳关（河北高阳）路宣抚使黄潜善为副帅，起兵勤王。宗泽自大名至开德（河南濮阳），与金兵大战十三次，均获全胜，又以孤军进驻卫南（河南滑县东），连败金兵。宗泽在卫南，听到徽、钦二帝被金兵掳去北归，即领兵至滑州（河南滑县东旧县），转入大名，计划抢渡黄河，切断金兵归路，截回二帝。宗泽传檄邻近各地宋兵，共同行动。但是，邻近宋兵失约，迟迟不来，宗泽计划不能实现，于是上书赵构，劝他称帝。金兵撤退后，伪楚皇帝张邦昌遭到百姓

　　[1]　李心传《建炎以来朝野杂记》卷三（乙集）《高宗属意李忠定》吴兴张氏刊本。

唾弃，无法在东京立足，吕好问等伪楚大臣，也劝张邦昌退位，拥立赵构。五月初一日，赵构在宗泽、黄潜善、汪伯彦等拥戴下，在南京（河南商丘）称帝，改靖康二年为建炎元年（1127年），史称其为"南宋"。

李纲到达太平州（安徽当涂），得知赵构在南京（河南商丘）称帝，悲喜交集，向宋高宗赵构进奏《上皇帝封事》（《宋李忠定公奏议选》卷五）。李纲根据北宋灭亡的惨痛教训、南宋初立后的宋金形势，请宋高宗赵构立国后，"拨乱反正，以图中兴"，依靠全国军民，抗金保国，收复失地。在战略方针方面，李纲主张："长驱深入，吾城池坚而人心固，则可守；凌犯无已，吾士卒勇而形势利，则可战；虏气既慑，吾辞理直而威力强，则可和。故能守而后可战，能战而后可和。三者虽殊，其致一也。"① 李纲在奏疏中，表达了自己对赵构寄以的殷切期望。

初立的南宋王朝，面临首要的问题，即是对南侵的金国，是抗战还是投降？两种意见在南宋朝廷上展开激烈斗争。宋高宗赵构即位后，授黄潜善为中书侍郎兼御营使，参与政务；汪伯彦为同知枢密院事兼御营副使，执掌军权。黄、汪两人，为了迎合宋高宗赵构既惧金国，又怕父兄回

---

① 《宋李忠定公奏议选》卷五《上皇帝封事》。

朝争夺帝位的心理，极力怂恿宋高宗赵构把"偏安于南，向
金妥协"定为国策；招纳"伪楚"君臣，命张邦昌为太保、
封同安郡王，让他参与政事；命吕好问为尚书右丞。派遣使
臣，向金国乞和，却遭到举国反对。宋高宗赵构为了缓和
舆论的压力，巩固自己的地位，标榜有"中兴"的决心，便
起用抗战派声望最高的李纲为尚书右仆射兼中书侍郎。李
纲任职诏命一下，主和派官员群起而反对。右谏议大夫范
宗尹说李纲"名浮于实，有震主之威"。御史中丞颜岐接连
上章五次，曰："张邦昌为金人所喜，虽已封为三公、郡王，
宜更加同平章事，增重其礼。李纲为金人所恶，虽已命相，
宜及其未至，罢之。"这时，宋高宗赵构为了借重李纲，对
于阻拦李纲入相的言论，尚能给予驳斥："如朕之立，恐
非金人所喜！"颜岐又把五次上章的副本，派人送给李纲，
"觊沮其来"①。这时，原北宋将领周德等人，叛变投金，占
据金陵（江苏南京市）城池，"杀官吏、居民，焚舟船不可
胜数，劫掠官府、士民，财物为之一空"②。李纲率兵前往金
陵，平息周德叛乱，抚恤灾民，稳定人心。正准备北上至
南京（河南商丘）任职时，收到颜岐送来的奏疏副本。其友
人出于好意，劝李纲辞去相位，免遭不测。但是，李纲认

---

① 《宋史纪事本末》卷六〇《李纲辅政》。
② 《宋李忠定公文集选》卷二六《建炎进退志总叙上之上》。

为"国家艰危，至此极矣"①。怎么可以知难而退呢？为了抗金复国，誓死不辞，决意北上赴任。

邀 说 十 议

六月初一日，李纲到达南京（河南商丘），受到宋高宗赵构盛情款待。宋高宗赵构要他立即就职。李纲却没有应允。其原因是：李纲看到南宋王朝，朝纲紊乱，法度松弛；"伪楚"君臣，身居要职；对于抗金复国的大计，宋高宗赵构没有明确措施，在行动上一意向金国妥协、乞和。宋高宗赵构在口头上总是自我标榜有"中兴"决心，李纲对此产生怀疑，不敢欣然就职。

为了振兴南宋王朝，"持危扶颠，内修政事，外攘夷狄，以抚万邦，以还二圣"②，李纲针对南宋朝廷军政弊端，向宋高宗赵构进奏《邀说十议》（《宋李忠定公奏议选》卷五），其内容是：

一是"议国是"。根据历史经验教训，对于防御外敌入侵，应掌握"能守而后可战，能战而后可和"的原则。如今南宋初立，朝纲紊乱，军纪松弛，民心低落，大臣精神萎

①② 《宋李忠定公文集选》卷二六《建炎进退志总叙上之上》。

靡不振，在这种情况下，对金国是和、是战、是守呢？李纲审时度势，劝宋高宗赵构应学习越王勾践，卧薪尝胆，以图自强；整肃朝纲，革除弊端，着力于军政建设，"罢和议"、"专以守为策"。以待国力强盛、人心安定、士气大振，才可以兴师北伐，收复失地，以雪国耻。

二是"议巡幸"。关于定都问题，李纲主张迁回东京，"足以结万邦之心"，显示南宋抗金复国，以图中兴的决心。如果东京因战乱惨遭破坏，暂时不可居住，李纲认为应以迁往长安（陕西长安）为上策；其次是襄阳（湖北襄樊市），下策是定都于建康（江苏南京市）。不管迁都何地，事先应派大臣前往"营葺城池宫室"，责成当地官府储备粮草，"积金帛以备巡幸"。

三是"议赦令"。南宋初立，国家艰难多事，"国势削弱之际"，李纲规劝宋高宗赵构应以公天下为心，颁布赦令，应有常式，对于张邦昌等叛国投敌者，应予严惩；因有过失而免职官吏，给予甄别，重新起用，以示皇恩。

四是"议僭逆"。李纲指出，张邦昌叛国投敌，接受金国册立，作了四十多天"伪楚"皇帝。金兵北归后，遭到人民唾弃，无法立足于东京，在不得已的情况下，自动弃位，投奔南宋后，既没有受到应有的惩罚，反而享受高官厚爵的待遇。李纲认为，不少"伪楚"大臣，业已在南宋朝廷任职，一旦金兵南犯，他们就会成为敌人的奸细，内外勾结，颠覆南宋政权，后果严重。为了严肃朝纲，对于叛国投敌的奸贼，李纲主张按其罪恶，"持正典刑，而肆诸市朝，以慰四方忠臣义士之心"，垂戒万世！

五是"议伪命"。北宋灭亡，宋徽宗赵佶、宋钦宗赵桓"蒙尘"。在国难当头之际，不少大臣丧失民族气节，叛国投敌，愿当汉奸。张邦昌在金国扶植下，"易姓建号"，当上"伪楚"皇帝；有的大臣，充当女真贵族的帮凶，"驱逼道君太上皇帝、皇太子、后妃及搜捕宗室"；有的充当敌人的喉舌，"传命令，废本朝而建伪号者"；有的受伪职，在"伪楚"担任要职，甘心情愿做汉奸；有的恶言诋毁北宋朝廷，对张邦昌阿谀奉承；有的执笔书写劝进表，请张邦昌登上"伪楚"皇帝位；有的筹办张邦昌登位的礼仪等。李纲认为。这些"伪楚"大臣，业已投靠南宋，应按照其罪轻重，分六等治罪。在国难当头，也有不少大臣，尽忠尽节；有的大臣，杀敌捐躯，"皆追赠而优恤其家"，以达到惩恶扬善，勉励文武吏臣、士民，为国尽忠尽节的目的。

六是"议战"。关于战争问题，李纲批评宋徽宗赵佶在位期间，"有养兵之费，无训兵之法；有蓄兵之名，无用兵之实"。长期以来，军政久废，士气怯惰，招致强敌入侵，导致靖康之耻。李纲认为，南宋初立，国势益弱，士气益衰，无力与强敌交战，因此，李纲主张：发动民众建立武装队伍，保乡守土，抗击金兵；同时，应更改募兵之法，修明军法，整肃军纪，做到信赏必罚，重振国威。

七是"议守"。李纲认为女真贵族狡狯，势必会再度南侵。因此，他主张在河北、河东地区建立"藩镇"，派遣有文才武略的将帅领兵守边御敌；在沿河、沿淮、沿江等具有战略要地的郡县，设置帅府，招募民兵，修葺城池，制造军械，教习车战，屯兵聚粮，守土抗金，同时，组织百姓，坚壁清野；派遣精锐宋军，扼守要道；制造舟舰，训练水军，做好一切战斗准备，严阵以待。

八是"议本政"。李纲指出，宋徽宗赵佶、宋钦宗赵桓在位期间，北宋朝廷政出多门，"阉宦、恩倖、女谒皆得以干与朝政"，加上宰相失职，为了确保已得禄位，明哲保身，"不敢以为言"，导致朝纲紊乱，法度废弛，民心失尽，才招致亡国的后果。李纲认为，南宋刚立国不久，首先应整饬纲纪，严肃法度，一切权力归中书省，以朝廷为尊。

九是"议久任"。关于任用贤能问题，李纲批评宋钦宗赵桓，在任、废大臣方面没有一定标准，对于主和误国之臣，该废的没有及时罢废；对主战派的大臣，不该废的而罢废，导致在朝的大臣、将帅任职时间不长，更换太速，功效蓂著。因此，李纲期望宋高宗赵构，仿效古代贤明君主，不随意决定任废，不听信"小人"谗言，不着眼于小节，起用主战派人士，一旦任命下达，"则久任而责成功"。

十是"议修德"。李纲劝宋高宗赵构，益修孝悌，生活要恭俭，才可不负众望，促使国家中兴。

李纲在《邀说十议》文中，表达了他抗金复国的信心和决心。

宋高宗赵构看了奏疏，不加可否，搪塞地说，明日当颁议施行。

次日，在朝会上，对李纲进奏十事，宋高宗赵构仅颁出"八议"，"议僭逆"、"议伪命"二事，受到朝中主和派反对，便留中不发。

李纲慷慨陈言指出："议僭逆"、"议伪命"二事，是大事，关系到国家生死存亡。张邦昌原是朝廷命臣，身居宰相要职，当东京陷落，不能捐躯报国，而是卑事金国，甘受册封，僭号"伪楚"，做了四十多天皇帝，"擅降伪诏，以止四方勤王之师"。金兵撤离后，伪楚遭到百姓唾弃，无法继续立足，才请元祐太后垂帘听政。嗣后，又投奔南宋。"国破而资之以为利，君辱而攘之以为荣"，张邦昌就是这样反复无常之徒，"理合诛夷"。但是，张邦昌不仅没有受到应有的惩罚，反而受到尊崇，这是何等礼仪？李纲进一步提醒宋高宗赵构，要建立中兴之业，仅尊崇僭逆之臣，将会导致国家解体；对叛国投敌臣僚，不去追查其罪行，天下的士大夫就不会为国尽忠、为南宋朝廷尽节！为了伸张国法，严肃刑政，李纲极力主张把张邦昌"肆诸市朝，以为乱臣贼子之戒"①。

这时，黄潜善却有兔死狐悲之感，公然为张邦昌辩护，开脱他的罪责，说张邦昌接受册封，僭号伪楚，实属金国所逼。企图把他留在朝廷，继续重用。宋高宗赵构问吕好问："卿昨在围城中知其故，以为何如？"吕好问便附和黄潜善，说："邦昌僭窃位号，人所共知，既已自归，惟陛下裁处。"李纲愤然据理反驳道："邦昌僭逆，岂可使之在朝廷，使道路指目曰'此亦一天子'哉！"接着，李纲又向宋高宗赵构表示："臣不可以与邦昌同列，当以笏击之。陛下必用邦昌，第罢臣。"李纲言辞气壮，"上颇感动"。汪伯彦亦说："李纲气直，臣等不及。"②因此，宋高宗赵构诏贬张邦昌为昭化军节度副使，安置在潭州（湖南长沙）。不久，宋高宗赵构又把张邦昌处死。至于伪楚命官吕好问、吴开、莫俦等人，相继被贬谪边陲。在靖康年间，为国捐躯的李若水、刘韐、霍安国等人，宋高宗赵构给予追

---

① 《宋李忠定公文集选》卷二六《建炎进退志总叙上之上》。
② 《宋史》卷三五八《李纲传上》。

封、"赠恤"。

　　李纲进奏的《邀说十议》，宋高宗赵构全予采纳，他才受职辅政。

第六章　为相七十五天

建炎元年（1127年）六月初六日，李纲入相。就职以后，竭尽智力，励精图治，"外御强敌，内消盗寇，修军政、变士风、裕邦财、宽民力，改弊法，省冗官，诚号令以感人心，信赏罚以作士气，择帅臣以任方面，选监司郡守以奉行新政"①。李纲辅政之初，得到宋高宗赵构的信任。他所主张的军政措施，能顺利实施，促使南宋政权得到暂时稳定。南宋著名学者朱熹曾称赞说："李纲入来，方成朝廷。"②

相信民心可用

中原地区人民，深受女真贵族的侵扰，他们对入侵之

---

① 《宋李忠定公文集选》卷首《行状中》。
② 《宋史纪事本末》卷六〇《李纲辅政》。

敌切齿痛恨。为了守土保乡，河北、河东人民，纷纷揭竿而起，自动组织武装队伍，拿起刀枪，奋勇杀敌，形成此起彼落的抗金浪潮。

对于义军，李纲认为民心可用、民力可取，便主张招纳义军，"以御外敌"①。但是，黄潜善、汪伯彦等主和派，持敌视态度，称义军为"盗贼"，主张派兵前往镇压。李纲据理为义军辩护说："盗贼乃吾之赤子，所以事农桑者也。上下之相治，室家之相保，皆以农桑为本。"②至于义军会反对朝廷，其原因是外敌入侵，在"危乱之世，民之失业"③，加上官府压迫，"内为饥寒之所迫而然也"。为了使义军不反对朝廷，李纲认为应该让他们"使复归乎农桑"④，国家才有安宁的局面。如果派兵镇压，一"则不可胜"⑤，同时"必有凋耗之弊"。李纲再三强调，不应该去激怒百姓，不然，"能亡人之国"⑥，后果不堪设想。

因此，李纲便向宋高宗赵构进奏《乞于河北西路置招抚司河东路置经制司札子》(《李忠定公奏议选》卷六)。请

---

① 《宋李忠定公文集选》卷一二《论盗》。
② 《宋李忠定公文集选》卷一二《论治盗贼》。
③ 《宋李忠定公文集选》卷一二《论盗》。
④ 《宋李忠定公文集选》卷一二《论治盗贼》。
⑤ 《宋李忠定公文集选》卷一二《论盗》。
⑥ 《宋李忠定公文集选》卷一二《论治盗贼》。

朝廷在河北西路的大名、陕州设置"招抚司"、河东路设置"经制司"，招抚义军，秣马厉兵，有计划、有步骤地进行抗金斗争。

李纲在奏疏中指出，两河地区是国家"屏蔽"，只有守住河北、河东，"中原可保，而东南可安"。尤其是河东地区，"实为天下之脊，介于河北、陕西之间"，地形险要，所有的关隘、城池坚固，"其民坚忍，其俗节俭，其兵劲悍"，是兵家必争之地。靖康年间，由于两河军民，决心抗敌，迫使金兵北撤，确保两河之地。李纲批评宋钦宗赵桓，不从长远考虑，听信谗言，割让"三镇"，向金国乞和，才引狼入室，使河北、河东数十个郡县，被金国占据一半。李纲称赞义军，当北宋灭亡后，他们自动组织地方武装，依山靠水结寨，"自相结集，多者数万，各立首领以相统率"，守土抗金，阻止金兵南下。

河北、河东地区的抗金义军，主要由农民组成，也有北宋士兵及低级军官、小商贩和僧徒参加；原来反抗北宋朝廷压迫的义军，也参加抗金行列；还有一部分被北宋朝廷责令解散的勤王兵，由于不肯散去，仍在进行抗金斗争。这些抗金义军，分布在黄河南北、太行山东西等地，他们结成抗金主要力量。其中规模较大的，"知名号者已数十处"：

"八字军"——河内（河南沁阳）人王彦，曾被张所任命为河北招抚司都统制。王彦所部，每位战士的面部，均刺上"赤心报国，势杀金贼"八字，表示抗金斗争的决心。八字军将士一心，英勇杀敌，得到两河百姓响应。民兵首领傅选、孟德、刘泽、焦文通等人，率领十九寨计十几万人马归附，绵亘数百里，锣鼓之声相应。并、汾、怀、泽等地的抗金群众，也接受王彦领导。八字军与金军交锋大、小战役数十，斩获敌人无数，威震燕、代，牵制金军南侵。

"红巾军"——起初在晋城、长治一带活动，后来扩大到河北、陕西等地。红巾军声势浩大，组织严密，齐心协力，奋不顾身，所以能屡败敌人。

"五马山义军"——五马山在庆源（河北赵县）。该支义军由武翼大夫赵邦杰和保州路廉访使马扩率领，人数达十余万，在河北、山西等地，有着很大影响。

地处敌人后方的幽燕地区的老百姓，也配合中原百姓抗金斗争，纷纷起义。原巡检使杨浩与僧人智和禅师一起，在玉田县山中，集结壮士万余人，准备扩大力量，反抗金国的统治。易州十八岁的青年刘里忙占据山区，结集南北少壮士兵邀击金兵，其队伍也发展到万余人马。

李纲不顾主和派的反对，积极主动联络河北、河东和陕西的义军，在河北西路设置招抚司，河东路置经制司，"择文武臣僚中有才略、名望素为两路兵民信服者，为之使副"，招抚义军，抗金保国。并资助粮草、军械，派兵援救他们，"以结其心"。因此，许多义军自愿拥戴李纲为首的主战将相，听从他们的号令。知开封府宗泽依靠民众的支持，驻守东京，金兵不敢来犯。

荐　用　人　才

关于使用人才的问题，李纲对宋高宗赵构说："人主之职，在论一相；宰相之职，在荐人材。"中兴南宋，收复失地，恢复旧河山，应"以将帅为急"[①]，担任将帅的人选的标准，李纲认为应"择文武臣僚中有材略，名望素为两路兵民信服者"[②]，"必其威信足以服士卒，而恩意足以结之"。李纲主张将帅应与士卒同衣同食，分担士卒劳苦。在战争中，将帅应视兵如子，百般爱护；士卒牺牲，要优抚其家属；不要随意驱使士卒，赏罚要分明，消除将帅与士卒之间隔阂，上下一心，战胜敌人。朝廷对已任命的将帅，应予充分信任和支持，不要随意撤换，这样，即可"使得拊循其部曲，

---

① 《宋李忠定公文集选》卷首《行状中》。
② 《宋李忠定公奏议选》卷六《乞于河北西路置招抚司河东路置经制司札子》。

而一切待之以诚，庶几其可乎"①。因此，李纲先后荐用宗泽
为延康殿学士、知开封府兼留守，张所为河北招抚使，王
璙为河东经制使、傅亮为副使，许翰为尚书右丞等。这些
名臣，在抗金复国斗争中，尽职尽责，其业绩为我国历史
增辉。

宗泽，字汝霖，生于嘉祐四年（1059年），婺州义乌
（浙江义乌）人。父亲宗舜卿是位穷书生，家境贫寒。宗泽
元祐六年（1091年）中进士。在会试中，敢于抨击时弊，遭
到主考官厌恶，仅授职大名府馆陶（山东馆陶西南）县尉。
入仕后，政绩显著，至靖康初，才迁为假宗正少卿。靖康
元年（1126年）八月，太原被金兵包围，宋钦宗赵桓命他
为和议使，前往金将粘没罕军营求和。由于宗泽力主抗战，
宋钦宗赵桓怕他不能按自己旨意行事，便改派他为知磁州。
宗泽到磁州（河北磁县）任所后，带领兵民，修复城垣，制
造军械，召募义勇兵，团结当地民众，多次击退金兵进犯。
东京被金兵围困后，宗泽领兵前往救援，在进军途中，以
少胜多，击败金军，多次立有战功。北宋灭亡后，在五月
初一日，宗泽和黄潜善、汪伯彦拥戴赵构称帝，为创建南
宋王朝作出贡献。但是，却遭到黄潜善、汪伯彦等一批主

---

① 《宋李忠定公文集选》卷一二《论将》。

和派"忌之"，宋高宗赵构仅命他为知襄阳府（湖北襄樊）。

建炎元年（1127年）六月初，宗泽到南京（河南商丘），结识李纲，每"相见论国事，慷慨流涕，纲奇之"。李纲与宗泽经过一些时日交往，心心相印，对抗金复国等方面的大政方针，意见一致。因此，"开封尹阙，李纲言绥复旧都，非泽不可"①。东京城遭到女真贵族蹂躏，破坏严重，城防设施全被废弃，城内秩序混乱。六月间，宗泽到达开封后，首先处死一批通敌奸细，安定人心；招募义军，守城抗金，沿黄河两侧，筑起二十四座碉堡，加固防御设施；同时，团结人民抗金武装，王善、杨进等人，率领义军十几万人马投到宗泽部下，听从宗泽指挥。此时，宗泽部属已达百万，士气高涨，粮草储备充足，宗泽便向宋高宗上书二十多次，劝他回到东京，率兵北伐，收复失地。但是，宋高宗赵构正打算南幸，对宗泽采取敷衍态度。因此，宗泽感到失望，忧愤成疾，年过七十的老人，便在建炎二年（1128年）病故。这时，李纲正贬谪在外。

张所，青州（山东益都）人，进士出身，文武双全，"有才气谋略"。靖康年间，任职监察御史。金兵再度南侵，北宋朝廷一意妥协乞和，准备割让河北之地。靖康二年

---

① 《宋史》卷三六〇《宗泽传》。

十一月二十五日，东京再度被围，形势十分严峻，张所向宋钦宗赵桓进言"乞以蜡书募河北兵"，他的意见被采纳，宋钦宗赵桓派人前去招抚。河北军民看到张所"蜡书"，高兴地说："朝廷欲弃我于夷狄，犹有一张察院欲我而用之乎！"因此，张所"声满河北"，深得河北军民拥戴。河北勤王军正欲出发援救京城之时，东京已陷。五月初一日，宋高宗赵构称帝，张所前往南京（河南商丘），把河北应募勤王军的"首领姓名"、人数、"合措置事件"①，一一禀报宋高宗赵构。当即，南宋朝廷授他为郎官，再次派他出使河北。这时，张所针对宋高宗赵构准备放弃中原、向金妥协的政治弊端，在五月二十七日上疏指出：朝廷留居南京（河南商丘），会使中原人民失望，亦得不到百姓支持，即使偏安于南，也会被金兵灭亡。张所主张迁都东京，请宋高宗赵构选拔将帅，率兵北伐，坚守河北、河东，收复失地。张所在另一次上疏中，要求宋高宗赵构，派他宣抚河北，"以制强敌"。张所在疏中指出，"黄潜善兄弟奸邪，恐害新政"②。从而触犯权贵，遭到黄潜善的报复，宋高宗赵构"乃罢所言职"，贬为凤州团练副使，安置在江州（江西九江市）。六月初，李纲亲自拜访黄潜善，调和黄潜善与张所

---

① 《宋李忠定公文集选》卷二七《建炎进退志总叙上之下》。
② 《李忠定公年谱》。

之间矛盾。李纲向黄潜善指出，大敌当前，正是用人之际，他要求黄潜善以国事为重，应以"先国事后私怨"待人，让张所"冒死立功以赎过"。经李纲从中调解，黄潜善才"欣然许诺"，重新起用张所。接着，宋高宗赵构授张所为通直郎、直龙图阁充河北招抚使。经过二十余日，张所奉命回到南京，南宋朝廷"赐缗钱百万以备募兵"，拨给半年所需粮草，"以京畿兵千人为卫"，授予招抚大权，"许以便宜从事"①。

傅亮，字季友，陕西房州人。行伍出身，"谙练兵事"，在守边御敌斗争中，"以边功得官"②。靖康初，傅亮来到东京，上疏朝廷，请求"以亲王为元帅，治兵于河朔"③。但是，宋钦宗赵恒厌恶他越职进言，把傅亮赶出京城。靖康元年（1126年）冬，金兵南犯，东京被围，傅亮领陕西、西京勤王军三万人马，赶来援救，进军途中，多次击败金军。东京失陷，北宋灭亡，金国册立张邦昌为"大楚"皇帝。张邦昌曾派人宣诏傅亮，授予重职，却遭到傅亮拒绝。宋高宗赵构即位以后，便迁他为通直郎、直秘阁。傅亮为人"气劲"，豪爽直言，宋高宗赵构厌恶他，改派他为知滑州。当时，由于战乱，滑州损害严重，城垣残破，傅亮到

①②《宋李忠定公文集选》卷二七《建炎进退志总叙上之下》。
③《李忠定公年谱》。

职以后，又上书宋高宗赵构说："陛下复归东都，则臣能守滑；陛下未归，则臣亦不能守也。"①黄潜善等人，也嫌傅亮"语悖傲而不逊"，因此，傅亮又被降为河阳（河南孟县）通判。李纲却认为他智略气节，"可为大将"，日后必可为国家立大功，便对高宗赵构说："亮所言，但欲激陛下归京耳。况言劲气直，关陕人气习之常，不足深责。"②经李纲鼎力推荐，宋高宗赵构才授傅亮为河东经制副使，"与兵万人……余如张所"③。

王瓘，陕西人，行伍出身，武艺精湛，在守边御敌中累建战功，李纲荐他为河东路经制使。

许翰，字松老，襄邑（湖北襄阳）人，元祐年间进士。精通经史，为人正直。李纲认为他"外柔内刚，学行纯美，谋议明决"，可以在朝廷"参与大政"④。经李纲推荐，宋高宗赵构授许翰为尚书右丞。

同时，李纲建议宋高宗赵构，颁布赦令，广示德义，安定人心。对原先受到惩罚的官吏士民，予以甄别，重新起用，团结一切可以团结的人，共同对敌。使朝廷内外，上下一心，为抗金复国，各尽其责。

---

① 《宋李忠定公文集选》卷二七《建炎进退志总叙上之下》。
② 《李忠定公年谱》。
③④ 《宋李忠定公文集选》卷二七《建炎进退志总叙上之下》。

人事安排初步就绪，李纲便着手"措置边防军政"①。

请立沿河江淮帅府

李纲指出，赵宋立国后，宋太祖赵匡胤根据唐末、五代以来方镇割据的积弊，防止割据势力的复辟，采取"削方镇之权"措施，规定戍守边地重镇的禁军，由朝廷派遣的兵马都总管统辖，当地州官不得干预。屯驻的禁军将官，由朝廷任命，既不固定，"其权甚轻"②，从而造成"兵不识将，将不识兵"，"不使上下人情习熟"③的局面，全部军权集中在皇帝手中。州郡的行政官员，亦由朝廷派遣，知州多用文人，不用武将，并经常调换。因此，消除了军阀割据势力，巩固了中央集权。李纲认为这种做法，在和平时期，是巩固政权的有效措施。但是，如今国难当头，金兵"扰腹心之地，盗贼乘时蜂起蚁结"，各州郡既无法维持社会秩序，又无力量"捍患御侮"。在这种情况下，李纲主张恢复"方镇之制"，"于沿河沿江沿淮置帅府"，恢复唐代节度使制度，让帅府管辖附近州郡，授予军政财权。平日，

① 《宋李忠定公文集选》卷二八《建炎进退志总叙下之上》。
② 《李忠定公奏议选》卷之六《乞于沿河沿江沿淮置帅府要郡札子》。
③ 蔡美彪等著《中国通史》第五册，第21页。

训练军队；战时，领兵拒敌；立有战功的将帅，"增秩进职"但不随意调动。李纲这一主张，目的是要借"方镇之兵以复国"①。

根据抗金复国的需要，李纲拟定设置帅府地区有十处，重要郡有三十九处，次要郡三十八处。府所在地应设帅建制，兼都总管；郡置守，兼钤辖都监。南宋总置军九十六万七千五百人。另外，设置七十七将（其中帅府置水兵二军，重要郡置水兵一军，立军号"凌波、楼船军"）。并在江淮地区，制造军舰，训练水兵。同时，原来设置的四道都总管，一并取消。

募兵买马，劝民出财

李纲认为：国家应"以兵为重"。在宋神宗赵顼熙宁、元丰年间，"内外禁卒、马步军"②达九十五万人。建中靖国元年（1101年），宋徽宗赵佶登上皇位后，忽视军队建设。长期以来，宋军将士老、弱、病、残者，没有及时补充替换，自然减员三分之一人数；与西夏作战、镇压方腊起义、联金灭辽战争，又损失三分之一；靖康年间，金兵两次南

---

① 《李忠定公奏议选》卷六《乞于沿河沿江沿淮置帅府要郡札子》。
② 《宋李忠定公奏议选》卷六《乞募兵札子》。

侵，"溃散逃亡者又不知其几何"。因此，在建炎之初，南宋军队仅三十余万人，"其间多系召募民兵"，未经训练，战斗力不强，无力抵抗强敌；正规的宋军，仅剩十余万人，"分屯要害州郡"。初立的南宋王朝，军队"单弱"、"其势不多"，不能抵抗强敌。在这种情况下，李纲主张"募兵于西北"①。其原由是，东南地区老百姓，性格"柔弱"，"不耐劳苦"；东南人不适应北方水土，"类多疾病死亡"；东南地区的士兵，在北方"屯驻稍久"，"则有思归之心"，将士"往往逃亡溃散"。但是，西北地区老百姓，遭受金兵杀戮、洗劫，导致"民不能归业者甚众"。他们对女真贵族怀有切齿痛恨，有抗金守土的愿望。同时，从西北地区招募的士兵，只要经过"团结训练，积以岁月，皆为精兵"。因此，李纲"拟募新兵号"有：骁胜军、壮捷军、忠勇军、义成军、龙武军、虎威军、折冲军、果毅军、定难军、靖边军等十支。责成钱盖在陕西西路、张所在河北路各募五万人；谢赆在京西路、程瑀儒在京东路各募二万五千人，共计十五万人，每二千五百人为一军，每军发给军械、钱粮等；并依照禁军之法，"团结训练"；每招募一军，就在本地区"选差有材武大小使臣充统制官"②，就地训练士卒，随之迎

① 《宋李忠定公文集选》卷二八《建炎进退志总叙下之上》。

② 《李忠定公奏议选》卷六《拟募新军号》。

击入侵者。

李纲在《乞括买马札子》(《李忠定公奏议选》卷六) 奏疏中指出，"以马之于军旅其用大矣，而马政之不修，未有如近年者"。自崇宁、大观年间以来，监牧废弛，牧马坊地名存实亡，马匹缺乏来源。尤其是在政和年间，燕山地区失陷，该地牧区被女真贵族占领，北宋失去战马的来源。靖康年间，金兵两次南犯，河北、京畿地区的马匹，全被敌人洗劫一空；东京两次被围，北宋万余战马，亦全部归金兵所有。至建炎初，南宋军队仅有战马五千匹。但是，"金人专以铁骑取胜，而中国之马耗亡如此"，这怎么御敌呢？为了扭转南宋骑兵的劣势，建立一支可以与金国相匹敌的骑兵，李纲主张"非品官将校，不许乘马"；然后诏令各州县，拟定好规格、尺寸，"以善价买之"①；派人前往四川、广西等地选购，以解决当前急需的战马问题。同时，应拟定发展养马政策，划定牧地，资助民间养马。李纲认为，这些措施能予实施，时间不久，战马的来源就可以解决。

关于"取财于东南"这一问题，李纲认为：国家处在艰难之际，"京师帑藏悉为金人所取"，外路各州郡所蓄备的钱粮，为支付勤王军费用，已无库存。而"今又募兵、买

---

① 《宋李忠定公文集选》卷二八《建炎进退志总叙下之上》。

马、招捉盗贼、措置边事、应副残破州县，振举百度，以
图中兴"，所需经费数额巨大，正常赋税收入难以支付。在
财赋来源极度困难之际，"又不可以横赋暴敛，科取于民"。
在这种情况下，李纲主张动员全国百姓、地主、商人、官
吏等各界人士，把多余的家产捐献出来，"以佐国用"①；诏
令各州郡县官吏，向百姓、商人说明，"募民出财"的目
的，是为了建设一支强大军队，抗金保国，收复失地，统
一祖国。通过宣传，让"民知国家有兵，而后家室可保"②
的道理，促使他们自愿捐出多余钱财。在执行这项工作时，
李纲再三强调：绝不允许各州县官吏，借机勒索，扰乱民
心，"其有抑勒科配致骚扰者"，严惩不贷；"奉行有叙，不
扰而办者，量加旌赏"。总之，李纲在推行"募兵买马，劝
民出财"政策时，要求各州县官吏，"体朝廷德意而奉行
之"③。

修明军法，整肃军纪

李纲认为"以大军之礼用众也，军之所以积少为众，联

---

① 《宋李忠定公文集选》卷二八《建炎进退志总叙下之上》。
② 《李忠定公奏议选》卷六《乞募兵札子》。
③ 《宋李忠定公文集选》卷二八《建炎进退志总叙下之上》。

属不散，可恃以胜敌者"，必须具备严明的纪律。但是，自童贯、高俅主持军机大政以来，军令不统一，制度遭到破坏，军训荒废，"禁戒号令之威不振"，军风不正，士气低落；将帅调动频繁，"兵将取于临时，而初不相知"，遇到敌情，坐等观望；一旦受到强敌攻击，互不救援；溃散的士卒，均以金帛召集；临阵逃亡的士兵，也不绳之以法。政和年间，童贯率领禁兵，前往浙江镇压方腊农民起义军期间，"虏掠良民财物者"，全是官军；"则骚扰乱群者"又没受到应有的惩罚；朝廷亲信大臣的"仆厮亲近"，既无战功、又无政绩，反而得到高官厚禄；立有战功的人，得不到奖赏；为国事尽忠尽职者，不为人们所知；杀敌捐躯的烈士，其家属得不到优恤。北宋军纪败坏到如此程度，无力抗拒强敌。因此，当金兵大举南侵之际，朝廷派出的抗敌大军，未经战阵，"望风先溃"；东京第二次被围时，前来援救京师的宋军，却"逗挠不进"①，导致"靖康之耻"的后果。

为了革除弊端，李纲拟定军法，制定军制。具体做法是：

确立"团结之法"，重新颁布伍、甲、队、部、军等各种军事建制。规定每五人为伍，内推选一人为伍长，"伍长

---

① 《李忠定公奏议选》卷六《乞修军政札子》。

以牌书同伍四人姓名”；五伍二十五人为一甲，别选一人为甲正，“甲正以牌书伍长五人姓名”；四甲计一百人为一队，推选正、副队将各一人，“队将以牌书甲正四人姓名”；五队计五百人为一部，派正、副部将各一人，“部将以牌书队将正、副十人姓名”；五部计二千五百人为一军，派正、副统制官各一人，“统制官以牌书部将正、副十人姓名”①。从而可以使全军上下相维，不乱统系。李纲主张所有招置的新军及御营司兵，俱用新法团结。并且请宋高宗赵构诏令陕西、山东诸路帅臣，依照此法，互相应援。

采用“教阅之法”，“革去旧教文具之法”，均以新法团结，以战车、骑兵、步军“总为营阵”，操练进、退、坐作、分、合、出、入的作战阵式。对于各类兵种，操习科目内容，各有不同，弓弩手应提高射击命中率；牌、枪、刀手，应训练勇敢杀敌；操纵神臂、筒射、凤凰的弓箭手，应习熟使用；“精兜鍪”士卒应习惯穿戴全甲，以防为敌人利刃所伤。指挥方式，恢复古代制度，以金、鼓、旌旗作为指挥信号，让全军将士听到鼓声，就能齐心向前；听到金声，立即停止；旌旗指向何方，则能迅速前往。通过整顿和训练，“兵将相谙”，行动一致。

---

① 《宋李忠定公文集选》卷二八《建炎进退志总叙下之上》。

重新颁布军纪。李纲针对宋军弊端，规定六军将士在行军作战时，前后左右应相互应援，对于观望不进者，或且"辄退"者，必须行使军令，促使他们彼此相救。禁军逃亡，在七日以内不返军营，应予斩首；与敌人相遇，若不能取胜，将士溃散后，如不及时结集归队者，给予斩首处理；投敌叛节者，灭其族人，这样"则逃亡溃散之弊可革矣"。禁军在行军之际，犯有盗窃、赌博、斗殴、饮酒甚至抛弃器甲、藏匿妇女、胁取财物、造谣惑众者，应绳之以军法，"则骚扰乱群之弊可惩矣"。与敌人作战时，凡是先登陷阵者，能以弓箭射中敌人者，可以得到奖赏；一军获胜，可赏全军；倘若不能获得全胜，其中有杀敌立功者，亦可获得奖赏，"如此则立功者劝矣"。将士牺牲，由伍长、甲正、队将、部将、统制逐级申报，优恤其家属，"如此则死敌者劝矣"①。

李纲认为，欲修明军政，整肃军纪，事先必须保证军队粮草、军械的供应，优恤其家属，使他们妻子免于冻馁，才能深得将士之心，激发他们奋勇杀敌。

李纲所规划的"措置边防军政"②，还有造战车、练车战，扬长避短战胜金国骑兵；各路、郡、县增修城池，造制

① 《李忠定公奏议选》卷六《乞修军政札子》。
② 《宋李忠定公文集选》卷二八《建炎进退志总叙下之上》。

军械，确保"万家之室"①的安全；募水军、造战船，预防金兵突然南侵；议车驾巡幸，主张关中为上，襄阳次之，邓州（河南邓县）又次之，不同意迁都建康。

自六月初六日至十九日，"措置边防军政之类始渐就绪"，李纲便派宣义郎傅雱出使金国，问候宋徽宗赵佶、宋钦宗赵桓，不言祈请，俾上下枕戈尝胆，"内修政事，外攘夷狄"②，誓报国耻，徐使敌人生畏，驱使金国女真贵族自动送还徽、钦二帝。

罢 相 贬 职

李纲入相之初，宋高宗赵构对他总算是言听计从，无不施行，促使南宋政权得到稳定。但是，在赵构内心深处，惧怕女真贵族的势力，担心父、兄回朝争夺帝位，忌讳李纲深得民心。因此，赵构抗战热情，转瞬即逝，决意"偏安于南，向金妥胁"。赵构所器重的黄潜善、汪伯彦，自以为是开国元勋，又有攀附之功，其职位屈居李纲之下，极为不满。他们迎合赵构既惧金国，又怕父兄回朝争夺帝位的心理，不顾国家利益，招纳伪楚投奔南宋的官吏，结为死

① 《李忠定公奏议选》卷六《乞令诸路郡县增修城壁器械札子》。
② 《宋李忠定公文集选》卷二八《建炎进退志总叙下之上》。

党，处处打击、排斥、陷害以李纲为首的主战派。

南宋初立时，宋高宗赵构起用李纲为相，却遭到主和派大臣的攻击，中丞颜岐说"李纲为金人所恶"，要求赵构"宜及其未至罢之"①。六月初，李刚奉命入朝，提出抗金救国十条建议，主张反对和议、力主抗金，严惩伪楚汉奸，破格起用抗金将士等。但是，黄潜善、汪伯彦却以"二圣（指宋徽宗赵佶、宋钦宗赵桓）北狩"为借口，主张"割地厚赂以讲和"。李纲便据理反驳说"割天下之山河，竭天下之财用"②，也满足不了女真贵族的无穷欲望。李纲要求宋高宗赵构学习汉高祖刘邦，当其父被项羽俘去以后，仍然率兵与楚军作战的态度，下定决心，罢废和议，卧薪尝胆，以图中兴。

李纲提出改革军制、整顿军纪、重新部署防御力量、招兵买马、募民出财等一系列建议。右谏议大夫宋齐愈大造舆论，中伤李纲说："民财不可尽括；西北之马不可得，而东南之马不可用；至于兵数，若郡增二千，则岁用千万缗，费将安出？"断言"李丞相三议，无一可行者"③。宋齐愈原是宋钦宗赵桓时的右谏议大夫，当东京失陷后，他便

---

① 《宋史》卷三五八《李纲传上》。
② 蔡美彪等著《中国通史》第五册，第238页。
③ 《宋史》卷三五八《李纲传上》。

叛国投敌，给女真贵族出谋划策，推举张邦昌为"伪楚"皇帝。金兵北撤后，随张邦昌投奔南宋，被李擢弹劾，宋高宗赵构曾让侍御史王宾审理此案。由于黄潜善极力营救，才免遭惩处，并迁为右谏议大夫。因此，他便投靠黄潜善，结为死党，处处反对李纲。为了使抗金复国建策能得到实施，在七月十五日，李纲下令把宋齐愈绳之以法，斩首于"都市"，却遭到一些大臣攻击，说李纲"以私意杀侍从宋齐愈"①。

李纲荐用宗泽为知开封府，派他到东京，整顿城市，稳定了秩序，安定了人心；召集义军，配合宋军抗金。这时，义军四集，北渡黄河，恢复失地，指日可待。于是宗泽便上书宋高宗赵构说："开封物价市肆渐同平时。将士、农民、商旅、士大夫之怀忠义者，莫不愿陛下亟归京师，以慰人心。"②但是，黄潜善、汪伯彦及其党羽，无视人民的力量，借口"汴都蹂践之余，不可复处"，"东南财力富盛，足以待敌"③，极力怂恿宋高宗赵构，避地东南，偏安一隅。对此，李纲坚决反对，他认为"天下精兵健马都在西北"④，

---

① 《宋李忠定公年谱》。

② 《宋史》卷三六〇《宗泽传》。

③ 蔡美彪等著《中国通史》第五册，第239页。

④ 《宋李忠定公文集选》卷二八《建炎进退志总叙下之上》。

主张把京城暂迁襄阳、邓州，等河北、河东部署就绪，再回东京。适值此时，金国将领娄室率领重兵，进攻河中（山西永济以西），权知府事郝仲连阖门死义。娄室攻入河中府城以后，又相继攻下解、绛、慈、隰等州县。黄潜善、汪伯彦知悉敌情，秘密禀告宋高宗赵构，请求南幸。赵构获知金兵南侵，闻风丧胆，便在暗中做了部署，准备巡幸东南。因此，"外论汹汹，咸谓东幸已决"①。李纲知悉宋高宗赵构准备南逃，认为事关重大，"天下大计，在此一举。国之安危，于是分焉"②。便对人说："吾当以去就争之。"当他拜见宋高宗赵构时，指出避敌东南，中原将失，后患无穷，便恳切地说"愿陛下以宗社为心，以生灵为意，以二圣未还为念"③，迁都东京，挥师北伐，收复失地。但是，宋高宗赵构表面安慰李纲，暗中做好罢免李纲准备。在八月初五日，宋高宗赵构迁黄潜善为尚书右仆射兼中书侍郎，李纲改任为尚书左仆射兼门下侍郎。从此，朝廷军政大事，均不让李纲知道；凡是李纲上章陈言，常被黄潜善留中不报。

为了顺民意，李纲认为民心可用，民力可取，在河北置"招抚司"、河东置"经制司"，荐用深得两河百姓拥护

---

① 《宋史》卷三五八《李纲传上》。
② 《宋李忠定公文集选》卷二九《建炎进退志总叙下之下》。
③ 《宋史》卷三五八《李纲传上》。

的张所为河北招抚使、傅亮为河东经制副使，招募义兵，组织民众抗金。因此，河北、河东百姓踊跃响应，军心、民心大振。但是，黄潜善、汪伯彦对河北、河东人民抗金武装采取敌视态度，称他们是"盗贼"，主张"罢诸盗及民兵之为统制者"①，选拔精锐编入官军，企图解散民兵，禁止他们抗金。同时，黄潜善又指使北京留守张益谦，向宋高宗赵构上书，诬告河北设置招抚司后，"盗贼益炽"，要求从速罢废。李纲认为张所尚未出发，张益谦怎么知道其骚扰呢？便理直气壮地争辩说："河北民无所归"，才设置招抚司，目的是借民保国家，"岂由置司乃有盗贼乎？"傅亮才出发十几天，黄潜善、汪伯彦又指责他逗留不进。宋高宗赵构便诏令宗泽"节制"傅亮，"即日渡河"。傅亮便上书自辩说："措置未就而渡河，恐误国事。"宋高宗赵构听信谗言，决意罢免张所、傅亮职务，废除招抚、经制两司。李纲愤然向宋高宗指出："招抚、经制，臣所建明；而张所、傅亮，又臣所荐用。"目的是让他们两人前去组织领导老百姓，抗金保国，而"今潜善、伯彦沮所及亮，所以沮臣"。"圣意必欲罢亮，乞以御笔付潜善施行，臣得乞身归田。"宋高宗赵构认为李纲所争论的事项，仍是件小事，便指责他

---

① 蔡美彪等著《中国通史》第五册，第239页。

说："胡乃尔？"① 但是，李纲认为："方今人材以将帅为急，恐非小事。"② 便告诫宋高宗赵构说："人主之职在知人"，"使君子小人不至混淆，然后天下可为"。③ 李纲虽然力争，却无法挽回。在这种情况下，接二连三上章，请求辞职。

黄潜善和汪伯彦秉承宋高宗赵构的旨意，又拉拢殿中侍御史张浚，捏造李纲十条罪状，恶意攻击李纲。张浚为了讨好宋高宗赵构，便在奏疏中指责李纲："杜塞言路，独擅朝政，所陈敷奏之语，无非杀戮之事，盖欲阴为惨毒，外弄威权。当时台谏，如颜岐、孙觌、李会、李擢、范宗尹，重则陷之以罪，轻则置之闲散。若非察见之早，而养成其恶，则宗庙之寄几败于国贼之手，可不为之寒心邪！向使纲之辅相，止于任职不堪，当此危难尚应借纲行法，以示惩戒，矧其得罪于宗庙、百姓，与夫不道之迹显著如此，愿早赐窜殛，以厌士论。"在八月十八日，宋高宗赵构指使中书舍人兼权直学士院朱胜非起草诏书，说李纲"狂诞刚愎"，"兹遣防秋，实为渡河之扰"，"设心谓何，专制若此！"④ 罢去李纲相位。

---

① 《宋史》卷三五八《李纲传上》。
② 《李忠定公年谱》。
③ 《李忠定公奏议选》卷七《论君子小人札子》。
④ 蔡美彪等著《中国通史》第五册，第240页。

124

李纲去位，张所被贬谪为直龙图阁，安置在岭南；傅亮借口母病，辞职返籍。李纲所规划的军政措施，全被废除，导致河北、河东所有州县，全被金兵占领。宋高宗赵构倒行逆施的行经，遭到举国反对。八月二十五日，太学生陈东、布衣欧阳澈上书说："潜善、伯彦不可任，纲不可去。"①却被宋高宗赵构杀害。尚书右丞许翰说："纲忠义英发，舍之无以佐中兴，今罢纲，臣留无益。"陈东遭到杀害后，许翰又说："吾与东，皆争纲者。东戮东市，吾在庙堂，可乎？"②因此，许翰亦被罢职，降为资政殿大学士、提举洞霄宫。

①《宋史》卷三五八《李纲传上》。
②《宋史》卷三六三《许翰传》。

第七章　流放四年

　　李纲落职，先后被贬谪至湖北武昌、湖南澧县、广西万安县、广东、海南岛等地。四年期间，行程万里，"自江湖、涉岭海，皆骚人放逐之乡，与魑魅荒绝非人所居之地"[①]。在此期间，李纲身处逆境，却毫无消沉，始终没忘记中原，没忘记国土沦失，没忘记中原人民正遭受女真贵族的蹂躏，时刻关心国家的前途、民族的命运。

投 闲 置 散

　　李纲在为相七十五天中，以复国中兴为己任，修军政、变士风，定经制，改弊法，募兵买马，分布要害，以为必守中原之计，却遭南宋朝廷主和派的打击，罢相落

---

　　① 《宋李忠定公文集选》卷一九《诗序》。

职，导致其才未尽，其志未酬。在阴暗的政治环境里，他怀着一腔忠愤，写了首《苏武令》词，借以表明自己的心迹：

> 塞上风高，渔阳秋早。惆怅翠华音杳。驿使空驰，征鸿归尽，不寄双龙消耗。念白衣、金殿除恩，归黄阁，未成图报。 谁信我，致主丹衷，伤时多故，未作救民方召。调鼎为霖，登坛作将，燕然即须平扫。拥精兵十万，横行沙漠，奉迎天表。

全词表达了李纲可鉴日月的忠诚，"不为人理解的悲哀和夙志不改的决心，微带苍凉而不掩豪气，表现了李纲不以个人荣辱为念的崇高精神境界"①。在词中，表达了他对蒙尘的宋徽宗赵佶、宋钦宗赵桓的思念和关切，联想到自己君恩未报却已落职，叹惜自己报国的远大志向不能实现。但是，李纲并不因此而悲观绝望，更没有放弃对理想的追求，渴望有朝一日，军权再握，便决心督师北伐，驱逐强敌，收复失地，以雪国耻。至于个人升沉荣辱，完全可以置之度外。

---

① 《宋词鉴赏词典》，第538页，北京燕山出版社1987年。

九月初，李纲取道南归。由于战乱，沿途州县遭到严重破坏，肥沃田园变成荒芜的原野；繁华市镇、村落，人烟绝灭，残砖碎瓦散布遍地。李纲目睹这一切，触景生情地写下《九月八日渡淮》诗，感叹地说："长淮渺渺烟苍苍，扁舟初脱隋渠黄。平生见此为开眼，况复乞身还故乡。"宣和、靖康和建炎期间，李纲受命于危难之际，历仕徽、钦、高三朝，为挽救宋王朝将倾的大厦，殚智竭力，却遭到奸佞的打击和排挤。当他回顾往事，"嗟余涉世诚已拙，径步不虞机阱设"。接着，他在诗中感伤地说："空余方寸炳如丹，北望此时心欲折。"深切地表露了李纲对国势危弱的哀愁和忧虑，因而萌生退意，这虽然不是他的本意，但由于形势所迫，他只有取道"旧路"，返回无锡，与家人团聚，以种花"消万古愁"。

十月间，李纲抵达镇江（江苏镇江市），知悉秀州（上海市松江县）守将辛道宗发动兵变，叛军占据附近州县。由于道路阻塞，李纲无法继续南下，便在镇江逗留半个月，才取道外江，乘船回到梁溪（江苏无锡），居住在三弟李纶家中。

自宣和以来，李纲虽有三次贬谪，但是，在较长的期间内，身负重任，投入民族斗争最前线。如今，他虽被罢职，投闲置散，退隐闲居，但"身在山林，终心驰于魏阙"①。一次，他与三弟李纶观赏雪景时，相互酬和，写了首《次韵季弟善权阻雪古风》诗：

……

自从国步多艰难，胡骑长驱窥汉关。

阴风惨淡随杀气，见雪翻使摧心颜。

古来治理初无别，中国寝强胡寝灭。

坐令和气变阳春，肉食于今未宜忽。

迂愚放逐恩已宽，敢惮道远貂裘寒。

空余炯炯寸心赤，中夜不寐忧千端。

素发飘萧头已满，百年光景行将半。

未知梦幻此生中，几回看雪光凌乱。

会当扫荡豺狼穴，国耻乘时须一雪。

酒酣拔剑斫地歌，心胆开张五情热。

中兴之运期我皇，江汉更洒累臣血。

李纲在诗中，从观赏雪景，回顾起宣和年间，所谓"太平盛世"，宋徽宗赵佶沉醉于酒色，不注重整兵备武，导致女真贵族的入侵，国土沦失、山河分裂；抨击宋高宗赵构采

---

① 《李忠定公奏议选》卷七《谢罢相除观文殿大学士提举杭州洞霄宫表》。

取对金妥协、偏安于南的错误政策，主张枕戈尝胆、内修外攘，"使刑政修而中国强"①。在诗中，反映出他不为世所用、投闲置散的悲愤，抒发他报效祖国、驱逐敌寇、以雪国耻的愿望。

"不辞赢病卧残阳"

九月间，秀州（上海市松江县）宋军守将辛道宗发动兵变，占据附近州县，李纲的季弟李纶，便与知县郗渐商议，招抚叛军，"说谕叛兵不曾焚毁邑屋"，确保无锡不遭洗劫。因此，在十月间，黄潜善、汪伯彦的党羽，弹劾李纲操纵兵变，"遣弟迎贼"，变卖家产，资助叛军，"制绯巾数千顶与之"②等十余项罪名。昏庸的宋高宗赵构，不作调查核实，轻信谗言，又罢去李纲观文殿大学士职务，责令他只身移居鄂州（湖北武昌）。

李纲遭受中伤和迫害，心情十分愤懑，便上疏《谢落职依旧宫祠鄂州居住表》（《李忠定公奏议选》卷七），向宋高宗赵构表白自己的心迹，说："伏念臣乾坤腐儒，闽海冷族，遭朝廷之多故，蹴英俊以登庸。虽怀忧国爱君之心，初无

①《宋李忠定公文集选》卷首《行状中》。
②《宋李忠定公文集选》卷五《与秦相公书》。

持危扶颠之术。荷知特达，思图报于涓埃；谋己阔疏，曾莫虞于机阱。虽尝身退，尚致人言。顾沥血安能明心，虽擢发不足数罪，睿智有察，覆照无私。"

李纲在职期间，由于办事果敢，直言敢谏，为人刚正不阿，赢得百姓拥护、僚属尊敬，却遭到部分官吏的忌恨。十一月二日，殿中侍御史张浚上疏朝廷，诋毁李纲"邪险不正，崇设浮言，足以鼓动流俗"。恣意攻击李纲抗金复国的政治主张，谩骂李纲："……惟纲不学无术，始肆强忿，首议迁都于金陵，陛下固尝寝其请矣。而乃狠戾轻狂，施设大谬，故为反覆以惑众心。如前所谓括马、招兵、劝纳民财之政，此最大者。……三者果如其言，民必大怨，国本先困矣。"南宋初立，江淮经制使翁彦国和两浙转运判官吴昉，曾支持李纲"募财于江南，募兵于西北"的主张，想方设法，筹措经费。但是，李纲罢相以后，宋高宗赵构以"暴赋横敛"的罪名，罢免翁彦国的职务。翁彦国系李纲长弟李维的岳父，业已病故。但是张浚仍在十一月二日奏疏中，捏造李纲"逮其易诏令以庇翁彦国之亲党，捐金帛以资张所、傅亮之妄费"。张浚在奏疏中，攻击李纲在开封保卫战中，"贪名自用，竞气好私，忠义日亏，浸失所守"，谩骂李纲"存心险恶"，要求宋高宗赵构对李纲"早加窜殛"，"以靖天下"。中书舍人汪藻攻击李纲"朋奸罔上"，"欺世盗名"①。李纲遭受恶毒攻击和迫害，心情十分痛苦，在建炎二年（1128年），写了首《病牛》诗，抒发自己的感慨。他在诗中说：

> 耕犁千亩实千箱，力尽筋疲谁复伤？
> 但得众生皆得饱，不辞羸病卧残阳。

在诗中，李纲认为自己在靖康初，受命于危难之中，率领军民，固守东京，迫退女真贵族入侵；南宋初立，在为相七十五天中，努力规划、革新政治，部署军事，处处为人民利益着想，却遭到汉奸、主和派的迫害，落得降职流放的结局，正如一头耕田而又受伤的病牛一样。但是，他深信自己所做的一切，只要对国家有益，对人民有利，就是累死也不会有任何怨言。从这首诗中，反映出李纲高尚的情操，表达了他对人民群众的深情厚意。

移 居 澧 州

李纲虽然被弃之不用，他仍然以国事为重，不断上书，

---

① 《宋李忠定公年谱》。

提出收复旧河山的方案，却遭到南宋朝廷主和派的攻击。他们说李纲的"上书"，是"诋讦朝政，以图复用"①。原御史中丞范宗尹，在靖康末年，北宋被灭，他便随张邦昌投奔金朝；金兵撤退北归后，范宗尹任伪楚右谏议大夫职；南宋初立，他又与张邦昌投靠宋高宗赵构；李纲入相后，在清查伪楚汉奸时，范宗尹被降为忻州团练副使，流放到鄂州（湖北武昌）。此时，李纲也被谪居鄂州。宋高宗赵构借口"谪降官不许同住一州"②，在建炎二年（1128）十月间，责令李纲移居澧州（湖南澧县）。李纲遭到一贬再贬，行踪萍漂，便以愤懑的心情写了首《得报以谪降官不许同处一州自鄂渚移居澧阳有感》诗：

> 萍漂梗泛又迁居，叹息谋身术已疏。
>
> 愿访湘妃遗珮浦，试追汉傅吊累书。
>
> 干戈满眼伤群盗，松梓连云念故庐。
>
> 泽畔行吟觉憔悴，前身疑是楚三闾。

在诗中，李纲指出：如今大敌当前，国土沦失，社会动荡不安，国力衰弱。在这种情况下，朝廷不能团结一切

---

①② 《宋李忠定公年谱》。

可以团结的人，一致对外，却加紧对他进行政治迫害，一贬再贬，一迁再迁，萍踪迹影，无栖身之处。李纲在诗中，叹息自己虽有爱国之心，却无防身之术。

正值时局危机时，南宋朝廷的一些爱国志士，十分同情李纲的处境，曾上书朝廷，为李纲申辩，请求宋高宗重新起用李纲。但是，御史中丞王绹抱着私人恩怨，大肆攻击李纲。原由是，在建炎初王绹提出不少抗金攻守策略，李纲没有采纳，因此结下私怨。李纲罢相落职后，便弹劾李纲"经年不赴贬所"，又论李纲在靖康年间，"要功劫寨，结众伏阙，覆师太原"等，请求宋高宗把李纲流放至边远海岛；还有人造谣，说李纲"资士人上书，诋讦朝政，以图复用"[1]。于是，宋高宗赵构便授李纲为单州团练副使，再次迁谪至万安军（广西万安县）。

"时危念人杰"

建炎元年（1127）八月十八日，李纲罢相落职，黄潜善、汪伯彦控制朝政，主战抗金力量遭到挫折。但是，知开封府宗泽不顾宋高宗赵构、黄潜善、汪伯彦对义军

---

[1] 《宋李忠定公年谱》。

的敌视，主动去联络河北、河东和陕西抗金义军，支持他们抗金斗争。于是，遍布黄河南北的义军，计数十万人马，也自愿拥戴宗泽，听从他的号令。从此，宗泽的部属，将近百万人马。抗金义军经宗泽整顿、训练，士气很高，粮食积蓄也充足，便上疏宋高宗赵构，劝他迁都汴京，挥师北伐。但是，宋高宗赵构仅用空话敷衍宗泽。

宋高宗赵构把向金妥协、偏安于南定为国策，派朝奉郎王伦、阁门舍人朱弁向金朝乞求休战议和，却遭到女真贵族的拒绝。因此，在十月间，宋高宗赵构、黄潜善和汪伯彦一伙人，南幸扬州。赵构这一行动，向女真贵族表示：南宋王朝决意偏安于南，放弃中原。金太宗吴乞买知悉宋高宗赵构南逃，就在十二月分兵三路，南侵山东、河南和陕西。金将粘没罕率领中军，攻入河南，被宗泽所部击退；东、西两路金兵，也受到山东和陕西义军的打击，仓皇退去。

这时，中原人民抗金斗争已是如火如荼，再次形成抗金有利形势。但是，逃到扬州的宋高宗赵构，不仅不支持，还在建炎二年的正月下诏，诬蔑义军"假勤王之名，公为聚寇之患"，勒令解散。宗泽接到诏令后，立即上疏反对，要求宋高宗赵构收回成命，"黜代言之臣，降罪己之诏，讪还阙之期","以大慰元元激切之意"①。在扬州的宋高宗赵构,对宗泽的意见,置之不理。

女真贵族遭到中原人民的打击,只好领兵撤退。宗泽便召集部属,部署乘势渡过黄河,北伐中原,收复失地。宗泽把拟好的全面反攻计划奏报朝廷,要求宋高宗赵构赶回汴京,督师北上,以雪国耻。宗泽在奏疏中,又附有自己亲笔手札,建议宋高宗赵构把他的奏章,让全朝文武大臣评论,若有不妥之处,愿受严厉处分。

但是,宋高宗赵构、黄潜善和汪伯彦,始终仇视人民义军。他们把宗泽当作野心家,"发了狂"的人;把宗泽所信任的义军,视为"盗贼",拒不允许宗泽挥师北伐。在这种情况下,年过七十的宗泽,既想依靠中原人民抗金,又要忠于南宋王朝,这种思想矛盾,长期无法解脱,忧愤成疾,背上发疽。宗泽在病重期间,一些部属将领,前来看望他时,宗泽还鼓励他们说:"诸君能为我歼灭强敌,我死也不恨了!"将领们听了,感动得纷纷落泪说:"愿尽死力!"②宗泽在临死前,对家事一句也不问,仅是长吟唐朝爱国诗人杜甫的名句:"出师未捷身先死,长使英雄泪满襟。"来表达自己壮志未酬之意。在建炎二年七月初一日,宗泽

---

① 蔡美彪等著《中国通史》第五册,第 243 页。
② 蔡美彪等著《中国通史》第五册,第 244 页。

临终时，又连呼三声"过河！"念念于未竟的壮志。

在十一月间，李纲贬谪至万安军（广西万安县），惊悉宗泽病故，"殆忧愤使然，殊可为天下惜也"。他认为"方时危而失此一人，其可哀也矣！"[①] 便写了首长诗，《哭宗留守汝霖》说：

时危念人杰，济物须材雄。
……

英英宗夫子，邈与古人同。
抱器实磊落，秉心郁精忠。
影缨仕州县，山立不妄从。
……

涉世多龃龉，失官久龙钟。
擢居河朔郡，烟尘正昏蒙。
今上在藩邸，持节使虏中。
力争不可往，高牙建元戎。
……

见我论世故，慷慨泪沾胸。
荐之守留钥，付以节制隆。

_____

① 《宋李忠定公文集选》卷二〇《哭宗留守汝霖》"诗序"。

惠政拊疲瘵，威声慴奸凶。

金汤治城堑，橹楼欻以崇。

出师京洛间，屡挫黠虏锋。

邦畿千里宁，夸说百岁翁。

抗疏请还阙，北伐归两宫。

辞直志骾亮，天子为动容。

奸谀更切齿，恨未能关弓。

乃同归鄞人，感愤殒厥躬。

皇天不慭遗，吾道何其穷。

骅骝竟委离，冀北群遂空。

梁摧大厦倾，谁与扶穹隆。

……

人亡国殄瘁，天意真懵懵。

中原气萧瑟，洒涕临西风。

在诗中，李纲通过回顾宗泽生平事迹，高度评价宗泽依靠人民力量、展开抗金斗争的爱国精神。抨击宋高宗赵构、黄潜善、汪伯彦一伙人采取对金妥协、偏安于南的错误政策，导致南宋王朝大厦将倾的结果。在这阴暗的政治环境里，诗人通过悼念宗泽，把满腔忠愤倾泻在诗中。

对国势深感忧虑

　　李纲、张所和傅亮等人相继被贬谪，宗泽又病故，因此，南宋王朝既无主持大计的重臣，又无可以倚恃的将帅。宋高宗赵构无中兴复国志向，一意向金妥协，限制中原人民抗金斗争，对此，李纲对国家的前途，深感忧虑和"切痛"①。

　　建炎二年秋，金兵再度南侵，粘没罕率兵从云中出发，越过太行山，渡过黄河，先后攻下濮州（山东鄄城北）、开德府（河南濮阳县）后，大肆屠戮，庐舍人口焚杀俱尽。接着，粘没罕所部，又攻下东平（山东东平）、济南（山东济南）等沿途州县。建炎三年正月初，又攻下徐州、淮阳（江苏邳县西旧县）、泗州（江苏盱眙东北）。同时，粘没罕又遣部属拔离速率兵直指扬州。

　　社稷临危、警报频传之际，在扬州的黄潜善、汪伯彦匿情不报，宋高宗赵构还以为金瓯无缺，安享太平。黄潜善、汪伯彦等一伙人，不是整日与娇妻、美妾饮酒戏谈，就是在歌楼妓院里通宵欢饮，过着灯红酒绿、纸醉金迷的

―――――――――
　　①《宋李忠定公文集选》卷三《象州答吴元中书》。

靡烂生活。这时，中原大批难民涌向扬州城内，殿中侍御史张浚劝宋高宗赵构渡江南逃。但是，黄潜善留恋繁华闹市，主张稍停若干时日，以视敌情发展再作决定。大敌当前，身居相位的黄潜善、汪伯彦，既不作任何防备措施，还严禁臣民谈论敌情，制止他们搬家避难。二月初三日，拔离速攻陷天长军（安徽天长），金兵距扬州仅数十里，宋高宗赵构才惊慌失措，带着御营都统制王渊、亲信宦官康履，匆忙逃到镇江（江苏镇江），黄潜善、汪伯彦全不得知，当有人将紧急军情相告，黄潜善还以"不用担心"①等话去支吾，仍然游山玩水。这时，有位堂吏，大声说："驾行矣。"②黄潜善、汪伯彦才相顾仓惶，策马南驰。顿时，扬州城陷入混乱之中，人人夺门而走，街巷躺满被践踏而死的尸首，拥挤在江边的黎民百姓，多达十余万人，他们争着南渡，坠江致死者达万余人。黄潜善、汪伯彦造成这一败局，人人切齿，有几个黄姓的朝官，被误认为黄潜善，为军民所杀。宋高宗赵构从镇江逃至临安（浙江杭州市），中丞张澂弹劾黄潜善有二十条大罪，宋高宗赵构才把他贬为观文殿大学士、知江宁（江苏南京市）府，旋落职居衡州（湖南衡阳），后责置英州（广东英德），是年冬，黄潜善病

---

① 邓广铭著《岳飞传》，第36页，人民出版社1983年。
② 《宋史》卷四七三《黄潜善传》。

故于梅州（广东梅县）。

这时，正在桂林象州（广西象州）的李纲，知悉宋高宗赵构"车驾南渡，仓卒"惊扰，感愤弥日，不能自已。事势遂尔，奈何恩霈旷荡独不霑濡，而谴责之辞弥重"。在这种情况下，李纲给吴敏信中指出，在建炎初，他曾建议宋高宗赵构："今日之策，惟有自治自强而已，上下协济，真以古之创业中兴者为法，庶几国势可以复振。"但是，宋高宗赵构深信谗言，罢免李纲相位，凡是李纲主张"募兵买马、选任将帅，经营藩篱，保据形势"等抗金措施，"一切罢之"。两年以来，宋高宗赵构、黄潜善、汪伯彦之流，一意向女真贵族乞和，军事上不做任何防御准备。因此，当金兵入侵宋朝国境，"破城邑，扰诸路"，宋高宗赵构却"恬若不闻，惟幸其不来，而来即避之，不知此何策耶？"李纲在信中指出，造成扬州这一败局的原因，是宋高宗赵构信任黄潜善、汪伯彦等一批佞臣的结果。同时，他对当前严峻的形势，"深忧而切痛"[1]。

二月中旬，宋高宗赵构从镇江逃到临安（浙江杭州），朝野激愤，纷纷揭露黄潜善、汪伯彦的罪行，惊魂稍定的宋高宗赵构，被迫罢免黄、汪的相位，改任朱胜非为相，

---

① 《宋李忠定公文集选》卷三《象州答吴元中书》。

王渊掌管枢密院。为了挽回人心，在二月十六日，宋高宗赵构又大赦天下。但是，"惟李纲不赦，用黄潜善计，罪公（指李纲）以谢金人也"。宋高宗赵构所谓大赦，仍然不得人心，南宋著名学者胡安国说："元恶大憝，皆得洗涤，而李纲独不与焉。此虽假借朝廷诏令行之，安能掩天下之公论乎！"①

伏读三月六日内禅诏书有感

扬州败退，御营都统制王渊、宦官康履等人也负有贻误军机的责任。建炎元年冬，驻临安（杭州）宋兵哗变，王渊曾率兵前往镇压，当哗变宋兵接受招抚后，王渊却翻脸不认人，杀害了一百四十多名哗变宋军首领。接着，又以搜查"赃物"为名，大肆洗劫郡中富户的家财。因此，临安军民对他恨之入骨。如今，在扬州败退之际，王渊负责调度长江上船只，运送扬州军民向南撤退。当时，在大江北岸，拥挤着数万宋军、十万百姓，由于相奔争渡，成千上万的军民坠江而死，王渊却置之不顾，调用百来只船，装运家私，逃往临安（浙江杭州）。

---

① 《宋李忠定公年谱》。

同时，宦官康履也调用上百艘船只装运私财，逃往杭州。在沿途中，康履骚扰百姓；到达杭州后，又强占民宅，强取民物，在市区扎帐幕，摆设阔绰，行事蛮横凶恶，市民对他极为怨愤。

由于宋高宗赵构一味退避和逃跑，引起南下宋军将士的不满，他们怀念家乡，决意要打回老家去。但是，宋高宗赵构不但不顺民心，不整军北伐，反而把贻误军机的王渊、康履等人加以褒赏，这使临安百姓寒心，又使宋军失望。

此时，驻杭州统制苗傅、刘正彦所部，其中下级将佐，多属幽燕人氏，他们多次上书朝廷，要求北上抗金，收复失地。但是，宋高宗赵构置若罔闻。如今，他们看到朝廷颠倒错乱的措施，便对宋高宗赵构失去信心。于是，在三月初六日，苗傅、刘正彦以"为民除害"[①]的名义，发动兵变，杀死王渊、康履以及在临安的宦官，逼迫宋高宗赵构退位，把皇位让给三岁的儿子赵旉。由于苗傅、刘正彦缺乏政治经验，又无明确的政治主张，因此得不到外地宋军将领的支持。不久，江东制置使吕颐浩、礼部侍郎张浚，约集韩世忠、刘光世等人，联合发出檄文，领兵前往杭州

---

① 蔡美彪等著《中国通史》第五册，第245页。

援救，迫使苗傅、刘正彦率众退走江西、福建。未几，被韩世忠捕获"正法"。苗傅、刘正彦兵变失败，赵构又恢复帝位，迁吕颐浩为相，张浚为知枢密院事。

这时，李纲被贬至广东，"伏读三月六日内禅诏书及传将士榜檄，慨王室之艰危，悯生灵之涂炭，悼前策之不从，恨奸回之误国，感愤有作，聊以述怀"①。

其一

忆昔廷争驻跸时，孤忠欲挽六龙飞。

莱公漫有亲征策，亚父空求骸骨归。

灵武中兴形势便，江都巡幸士心违。

累臣独荷三朝眷，瘴海徒将血涕挥。

其二

胡骑长驱扰汉疆，庙堂高枕失提防。

关河自昔称天府，淮海于今作战场。

退避固知非得计，威灵何以镇殊方。

中原夷狄相衰盛，圣哲从来只自强。

其三

叹息奸臣术已疏，谋身误国竟何如？

---

① 《宋李忠定公文集选》卷二〇。

马嵬不进杨钊死，关陕初临元振除。

王室威灵嗟索寞，苍生环堵未安居。

荒陬不见中原事，望断东吴一纸书。

其四

建炎虚席待经纶，思赐宸章宝墨新。

学际天人何敢尔，忠开金石庶当仁。

孔明得主规模壮，陆贽离朝谤讟频。

今日追思惭至意，御书重执泪盈巾。

　　在诗中，李纲叹惜自己抗金政治主张不能实现，使国家的局势更加恶化，增加了人民的苦难，对当时的卖国投降分子进行尖锐的讽刺。同时，李纲在诗中表示了自己奋发图强、抵抗侵略的坚定的信心。

　　关于苗傅、刘正彦兵变，朝野舆论有不同看法。有的认为是女真贵族暗中操纵所致，有的认为是苗傅、刘正彦怀有篡位野心，众说纷纭，不可定夺。李纲认为：这次兵变，其原因是："彼为赵氏之故，而欲以此为讲好息兵之谋，其术不亦疏乎？自古不能自强，而专以退避为事，威灵尽去，则必有此变。"①

———————

　　① 《宋李忠定公文集选》卷三《桂州答吴元中书》。

放还任便居住

在此次兵变后，宋高宗赵构吸取教训，在五月间，由杭州北上，进驻江宁（江苏南京市），派洪皓为大金通和使，向粘没罕求和。但是，女真贵族不准，并扣留南宋使臣。八月间，宋高宗又派杜时亮为"奉使大金军前使"，向金国求和。宋高宗赵构在求和书中，无耻地说："今以守则无人，以奔则无地……此所以朝夕鳃鳃然，惟冀阁下之见哀而赦已也。""前者连奉书，愿削去旧号，是天地之间，皆大金之国而尊无二上，亦何必劳师远涉而后为快哉！"①女真贵族仍然不理宋高宗赵构，并再次挥师南下侵掠。

闰八月末，宋高宗急忙从建康（江苏南京市）逃至镇江（江苏镇江市）；九月间，又从镇江逃至常州（江苏常州市）；十月间，又逃到临安。金兵渡过长江，如入无人之境，从而先后占据临安（浙江杭州）、越州（浙江绍兴）、明州（浙江宁波）、定海（浙江镇海）。宋高宗赵构从临安逃至越州、明州、定海。当金兵逼近定海，宋高宗赵构乘船入海，漂泊到温州避难。金兵乘船追袭时，遇到大风雨，

_____

① 蔡美彪等著《中国通史》第五册，第245页。

无法继续航行。随后又被和州防御使张公裕所率大船冲散。于是金兵才退回明州，放火烧城，掳掠民财。建炎四年二月，金兵再次洗劫临安，然后撤兵北归。四月间，宋高宗才从海上回到越州。

宋高宗赵构南逃，决意放弃中原。因此，原济南知府刘豫便叛宋投金。刘豫为了达到不可告人的目的，便向金将挞懒行贿，请求立他为傀儡皇帝。在建炎四年的九月，女真贵族立刘豫为"大齐皇帝"。两年后，伪齐便迁都汴京。于是，金国便把伪齐作为属邦，划中原和陕西地区为刘豫统治区。

金兵退兵北归后，宋高宗赵构才意识到同心协力以存国家的重要，在建炎三年十一月二日，赦还李纲，让他"任便居住"①。对过去受到迫害的朝野人士，也给予抚恤，借以稳定人心。

李纲接到赦还诏书，立即从海南岛返回。途中，听到陈东得到平反昭雪，感慨地写下《恭闻诏书褒悼陈少阳赠官与一子恩泽，赐缗钱五十万，感涕二首》(《李忠定公文集选》卷二一)：

---

① 《宋李忠定公年谱》。

其一

哀痛纶音洒帝章，赐金赠秩事非常。

无心圣主如天地，着意奸臣极虎狼。

忠血他年应化碧，英魂今日已生光。

先生愤懑诚昭雪，九死南迁岂自伤。

其二

平昔初无半面交，危言几辨盖宽饶。

幽冥我已惭良友，忠愤君应念本朝。

故国遥看云杳杳，新阡何处草萧萧。

抚孤未遂山涛志，谁继骚人赋大招。

建炎四年年初，李纲抵达鄱阳后，停留数日，便携带家眷返籍。二月间，在邵武老家撰写《易传外篇》、《易传内篇》。三月二十五日，复职银青光禄大夫。年底，取道泰宁、建宁、将乐、南平，乘船至福州，居住在长乐（福建长乐县）。

金兵北归后，在绍兴二年（1132年）正月，宋高宗赵构才回到临安。从此，东起淮水、西至秦岭的战线，逐渐稳定下来。于是，南宋王朝便定都临安，建立封建统治，控制着半壁江山。

第八章　闲居与起用

　　建炎三年（1129年）十一月二日，李纲获赦，宋高宗赵构让他"任便居住"①。当即，李纲从海南岛返回鄱阳，暂作短住。次年初，他携带家眷返籍。农历二月至三月间，在邵武撰写《易传外篇》、《易传内篇》。农历三月二十五日，南宋朝廷授他为银青光禄大夫。农历七月间，范汝为在吉阳（福建建瓯县西北、建阳县以南）起义，整个闽北地区的农民，揭竿而起，投入反宋斗争。由于社会动乱，道路阻塞，李纲又携带着家眷，取道泰宁、建宁、将乐、水口，至福州，闲居长乐（福建长乐县）。九月间，又复职资政殿大学士。李纲虽然闲居长乐，"亦时寓福州南台天宁寺"的"松风堂"。自此以后十年，曾有二次被启用，但是，任职时间短暂，长期被迫过着闲居、退休生活。

---

　　① 《宋李忠定公年谱》。

尊为"芝城"①之父

至今，在建瓯县民间，仍然尊李纲为"芝城"之父。其原因，应从范汝为农民起义始末说起。

建炎三年（1129年），女真贵族大举南侵，宋高宗赵构从扬州溃逃至临安，御营统制苗傅、副统制刘正彦发动兵变，软禁宋高宗赵构，逼他禅让给三岁儿子赵旉。兵变发生后，韩世忠、张浚等人，率兵从平江（江苏苏州）入援，平息了这次兵变，把宋高宗赵构放出樊笼；苗傅、刘正彦便向福建逃窜，韩世忠领兵紧追。韩世忠追至浦城（福建浦城县）的渔梁驿，俘获苗傅、刘正彦。但是，苗、刘部将韩隽，西陷邵武（福建邵武）、光泽（福建光泽）。邵武城被焚掠殆尽。建炎四年（1130）六月，御营前军将领杨勍叛变，由婺州（浙江金华）入闽，焚废建州（福建建瓯）。南宋初期，闽北地区，多次发生兵变，凡是叛军所经之地，无不任意洗劫。而南宋王朝派来的军队，亦是同样。廖刚《投富枢密院札子》云：

---

① "芝城"系福建省建瓯县的别称。

福建路民贫地狭，从来远矣。他日不为盗，而迩来相视蜂起。……初缘建州军贼（指张员、叶浓）作过，既而苗傅贼党、王璪叛兵，相继入本路。大兵又蹑其后。屋庐储积，焚荡掠取，既尽于贼，又须供亿大兵，实无从出。自是迁徙散亡，濡足南亩者无几。食日益阙，民日益困。桀黠无赖者，遂乘之以鼓倡群小，驱率柔懦，聚为盗贼，如范汝为之徒接续作过是也[①]。

由于兵变，破坏了闽北社会经济，加速了农民起义。建炎四年（1130年）七月，在吉阳（福建建瓯县西、建阳县以南），爆发了范汝为农民起义。绍兴元年（1131年），义军攻下建州（福建建瓯）城，"兵十余万"[②]。义军兵锋所及，势如破竹，先后击溃宋神武军副都统制李捧以及吴汝明、李山所部，相继占据闽北各地，随即又打到浙东，转战龙泉县，攻陷处州（浙江丽水），震动了南宋王朝，统治者对此十分恐慌，纷纷主张派兵前往镇压。

但是，李纲对义军十分同情，认为："盗贼乃吾之赤子、所以事农桑者也。上下之相治，室家之相保，皆以农桑为

---

① 廖刚《高峰文集》卷一，四库全书本。
② 朱维幹著《福建史稿》上，第310页。

本。至于散而为盗贼，则必失于拊循，而外为奸民之所胁，实为饥寒之所迫而然也。至其甚则能亡人之国。"如何对待农民起义？李纲极力反对以武力镇压，他认为采用武力镇压，"必有凋耗之弊"。其有效办法是：严禁政府军队骚扰地方，杜绝地方官吏鱼肉百姓；应该宽民力、轻徭役、减免赋税，让百姓"使复归乎农桑，则其国宁"①。于是，李纲给宰相吕颐浩书信中指出："闽中自去冬以来，盗贼纷扰。上四州率皆残破，骎骎及下四州矣。其原起于范氏盖有为之谋……近者狂悖之语，形于移文，擅起民兵，焚掠诸邑，迹状显著，而官司无敢谁何者。自招安以来，酋首依旧握兵，徒党未尝放散，竭一路膏血以养之，所费已八十余万，未有艾极，藉寇兵资盗粮，不知此何理也。福建为浙东屏蔽，通道二广，朝廷今日岂可不留意于此。"②

自从金兵北撤后，宋高宗赵构仍然"坚持安内攘外政策"，以保东南半壁江山，在钱塘江畔、西子湖边，"建立小朝廷，于愿已定"③。至于后方重镇——建州（福建建瓯县），爆发农民起义，宋高宗赵构岂能置之不理呢？由于闽中离临安（浙江杭州）不远，"若非迅速剿除，为害

① 《宋李忠定公文集选》卷一二《论治盗贼》。
② 《宋李忠定公文集选》卷五《与吕相公书》。
③ 朱维幹著《福建史稿》上，第320页。

不细"①。于是，宋高宗赵构与宰相吕颐浩策划，决定在绍兴元年（1131）十一月戊戌，除参知政事孟庚和宋将韩世忠为福建、江西、荆湖南北路正、副宣抚使，"统率步兵三万入闽"。

"孟、韩以庚戌日辞行"，在途中耽搁一个多月，由浙江台（浙江临海）、温（浙江温州）南下，进入闽东福安、宁德，抵达福州时，韩世忠便去拜访李纲，"移樽就教"②。

靖康初，在开封保卫战中，韩世忠系李纲部属，私人交往极厚。李纲"以旧赐战袍等赠韩少师"诗的序中，说：

> 某靖康丙午春，以尚书右丞充亲征行营使。时少师韩公，实隶麾下，每嘉其有忠勇迈往之气。……迨今六年，某以罪戾忧患之余，卧病江海。少师被命宣抚闽部，相见有故人恋恋之意。既而躬率将士，克复建城……奏功凯旋，将复言别。随行有旧赐紧丝战袍、镂装松文剑、镀金银缠笴枪、金花团牌，山林病夫，无所用之，辄以为赠③。

---

① 《系年要录》卷四十九。
② 朱维幹著《福建史稿》上，第 320 页。
③ 《梁溪集》卷二八。

从此序文中，可以知道：李纲既"是韩世忠的老长官，是他的知己，又是闽中的首席绅士。在福州久别重逢，韩世忠势必向李纲移樽就教，把自己对于建州市民的满腹疑团，倾怀说出，也就接受老长官的意见了"①。起初，韩世忠曾欲尽诛建州百姓，李纲便嘱咐他说："建民多无辜。"韩世忠才打消原意，"乃独取附贼者诛之"，"胁从者汰遣"②。

绍兴二年（1132 年）农历正月初四日早晨，韩世忠所部，进逼建州（福建建瓯）城。军寨设在黄华山上。于是，宋军可以俯瞰城中。范汝为义军力守危城，韩世忠便指挥宋军用天桥、对楼、云梯、大炮，日夜并攻，经过六天激战，在正月十三日，攻下建州城，农民军奋起抵抗，壮烈牺牲三万余人；"范汝为走入回源洞自焚身死"；范汝为部属叶谅，便率领溃散的义军，往西攻打邵武军（福建邵武），"被韩世忠派兵出斩"③，"余众悉平"④。

韩世忠在离开建州（福建建瓯）时，"建州市民（绅士和富商们）要为他建生祠，世忠倒不失武人本色，坦率地说出：'活你们的命，是李相公啊！'"⑤

---

① 朱维幹著《福建史稿》上，第 323 页。

② 《系年要录》卷五一。

③ 朱维幹著《福建史稿》上，第 322 页。

④ 《宋会要辑稿·兵十》。

⑤ 朱维幹著《福建史稿》上，第 324 页。

原先，韩世忠由温州取道至闽东，经福安、福州，至建州。当他镇压范汝为农民起义军后，仍由旧路而回。至福州时，便向李纲辞行，李纲便以"紧丝战袍、镂装松文剑、镀金银缠笴枪、金花团牌"相赠，并赋诗：

胡骑当年犯帝阍，腐儒谬使护诸军。

尚方宝剑频膺赐，御府戎衣幸见分。

丈八蛇矛金缠笴，团栾兽盾绘成文。

山林衰病浑无用，持赠君侯立大勋。

范汝为农民起义被镇压后，建州百姓便尊李纲为"芝城"之父，并建生祠以祀之。从此，李纲被誉为"芝城"之父，至今还有如此传说。

平定"游寇"与"军贼"

由于长期的战乱，"游寇"、"军贼"应运而生，加上南宋军队叛乱，东南地区的社会经济遭到严重破坏。同时，地方上的土豪、劣绅横行，广大农民被逼得走投无路，纷纷揭竿而起，组织义军，反抗朝廷。正值金兵暂时北撤，宋、金军事斗争，暂时得到缓和；福建闽北的范汝为农民起义又被镇压以后，"游寇"、"军贼"的问题，就显得突出。这些"军贼"、"游寇"，多数是民族败类，他们乘国难深重之际，割据称雄，掠扰百姓；有的"军贼"、"游寇"，在暗中勾结女真贵族，无恶不作，牵制了宋朝不少军队。宋高宗赵构为了巩固后方，决意平定这批民族败类。

绍兴二年（1132 年）正月，宋高宗赵构回到临安后，接到提举江西茶盐公事侯悫关于曹成等"游寇"、"军贼"流窜到荆湖南北两路，威胁江西的奏疏，在二月初八日，便起用李纲，迁他为观文殿学士，充荆湖广南路宣抚使兼知潭州。同时，诏令孟庚、韩世忠部属统制辛企宗、郝晸、岳飞、韩京、吴锡、吴全等军，由李纲指挥，前往湖南，征讨曹成等"游寇"、"军贼"，以巩固南宋后方，确保东南半壁江山。

李纲一直认为：荆湖广地区，是国家中心地带，这一地区得到巩固，就可以收复失去的疆土。早在建炎初，他曾建议迁都襄阳，积蓄国家力量。但是，昏庸的宋高宗赵构却没有采纳。如今，李纲再次被起用，成为独当一面的朝廷命臣，从而又燃起从政报国的热情，他认为这次宣抚湖广地区，是实践自己抗金复国抱负的好时机。于是，他抱着一如既往的态度，为国尽心尽责。在五月初六日，李纲率领三千人马，从福州启行，前往湖南任所。

当时，荆湖广地区，社会动荡，情况错综复杂，"流寇"、"军贼"扰乱百姓。李纲到任前，派人把敌情调查得一清二楚。在荆湖南路：马友约有六万余人，马数千匹、船只数千艘，驻扎在潭州（湖南长沙）；李宏约一万余人，驻扎在岳州（湖南岳阳）；曹成约十万余人，驻扎在道州（湖南道县）；刘忠约一万余人，占据岳州（湖南岳阳）、平江（湖南平江）、浏阳（湖南浏阳县）三地交界之间；胡元爽三千余人，占据茶陵（湖南茶陵）边界；李冬残部五千余人，占据郴、连边界。荆湖北路：杨华约一万人、雷进约八千余人、刘超一万二千余人，占据鼎、澧边界。以上几支主要的"游寇"、"军贼"，共计二十余万人马。至于与湖、广交接的边界上，还有"千百群聚，又不在此数"①。

平定"流寇"、"军贼"的原则，李纲在《具荆湖南北路已见利害奏状》（《李忠定公奏议选》卷八）中主张："招抚"和"镇压"相结合，凡是人数多，"桀黠猖獗"、骚扰百姓，民愤极大的"流寇"、"军贼"，"非得重兵制御弹压，使之畏威不敢猖獗。然后可以招纳为用"。凡是愿意接受招抚的"流寇"、"军贼"，应予解散，其"首领"应据其功绩大小、武艺强弱，量材录用，授予一定的职务，安置在宋

①《李忠定公奏议选》卷八《具荆湖南北路已见利害奏状》。

军中使用，"强壮"军佐，编入厢军；老弱病残者"给公据放散"，"无业可归"者"令就近分送州县居住"，"将天荒户绝、抛弃逃亡、系官田土措置"，让他们定居耕种，"借贷种粮，务令存恤"。对于被解散的"流寇"和"军贼"，不愿"归宿"，复结集为"盗"，应责令所在地的州县官府，"用心循拊，自当复为良民"。

七月十二日，李纲接到宋高宗赵构的诏令，率领宋军，日夜兼程，赶往潭州。当他抵达衡阳时，曹成率部七万余人，逃离湖南。此时，义军步谅占据衡阳。为了招抚这支义军，李纲作了周密部署，派统制官韩京屯守茶陵、统领陈照驻守仁安、统领汤尚之与将官白德屯守衡州。部署就绪，李纲亲领大军，进入衡山，备好船只，停靠在白沙岸下。李纲到达衡山，次日就命令统制官任仕安、吴锡，率领"将佐军马"，"还自白沙，连夜渡江"。次日凌晨，宋军突然出现，步谅率众投降李纲。当即，李纲鼓励他们为国家出力，说："……尔等皆朝廷赤子，失业至此，良可矜悯。今既归降，并令与旧军相杂团结。"步谅所部，计一万九千余人，凡是老、弱、病、残者，全部"放散"，李纲仅"择强壮精锐，得七千余人"，以"每五百人为一部"，编入宋军。在此同时，岳飞与韩世忠相互配合下，相继荡平李成、曹成等顽寇。从此，荆湖广地区，"溃兵为盗者悉平，民渐安居"，"流移归业"①。李纲看到这种局面，感叹地写了首七律诗：

> 赤眉铜马与黄巾，汉魏收功岂异人。
>
> 驾驭抚绥要有术，从来盗贼本王臣。

在潭州任上

> 昔年假道过长沙，烟雨濛濛十万家。
>
> 栋宇只今皆瓦砾，生灵多少委泥沙。
>
> 寸心报国浑忘老，四路宣风静不哗。
>
> 只愿吾皇假年月，直从襄汉定中华。

这首《初入潭州》诗，是李纲到潭州任所时所写。诗中，李纲回顾起：在靖康二年四月间，接到宋钦宗赵桓诏书，复职为观文殿大学士兼知开封府，便在长沙召集勤王军，在岳阳登船，北上抗金。当时，他"假道"长沙，长沙十分繁华，全市"烟雨濛濛十万家"。时隔四年，由于"流寇"、"军贼"掠扰，长沙遭到严重破坏，民居被摧毁，变成"瓦砾"；无辜的百姓，惨遭杀戮，尸骨遍地，变成泥

---

① 《宋李忠定公文集选》卷四《行状下》。

沙。在诗中，李纲表示"寸心报国浑忘老"的心迹，无论遇到任何困难、风险，他都要坚定不移地把长沙治理好，作为抗金复国的基地。

李纲到任之初，长沙情况复杂，社会秩序混乱，大小官吏贪赃枉法，官府和豪绅对农民苛刻盘剥，向黎民百姓征收正税以外，还巧立名目，层层加码，致使百姓处在水深火热之中。因此，李纲便向朝廷上章，指出：湖广南北路各州县，遭受曹成、李宏等"蹂践骚扰，民不聊生"，"田土荒芜，财谷匮乏"，要求宋高宗赵构"特降敕榜晓谕"，免去冬苗租税，无偿发给粮种，"不惜赈贷之费"，鼓励"流氓"归业，垦荒务农，恢复生产。

李纲认为湖广地区，"绵数千里"[1]，是国家中心地带，该地南通广东、广西，西引四川，北控襄阳，东接江淮，自古以来，是兵家必争之地。因此，他主张在这一地区，屯宿重兵，随时准备举兵北伐，恢复失去的疆土。

李纲对百姓关心备至，当他到任后，"召见长老，问民所疾苦"；对于图财贪赃的官吏，十分痛恨，一旦查清事实，赃物俱在，便"枷项巨猾付狱"。在短短数月内，没收赃款三万六千缗；凡是老百姓揭发的案情，"乃按治之"。

---

① 《李忠定公奏议选》卷八《具荆湖南北路已见利害奏状》。

于是，不少贪赃的官吏，"望风引退"，"赃吏稍戢矣"。接着，他又免除正税以外的杂税，黎民百姓的负担相对有所减轻，从而使流亡在外地的百姓，纷纷返回故里，从事农桑。

由于战乱，衡阳破坏严重，"尺椽无有，市井萧然"。因此，李纲派遣官吏，前往衡阳，带领军民，修建仓库、"州宅、使厅、门廉、堂屋之类"，"又造营房六千多间"[①]，搭盖大批草舍、瓦屋，为黎民百姓提供栖身之处。

李纲除了恢复社会秩序，安定民心外，还着手训练军队，修建战船，演习水战，做好种种防御准备。他认为："长沙有长江重湖之险，而无战舰水军"，访得唐代名臣"嗣曹王皋遗制"，建造数十艘战舰，并"募水军三千人，日夕教习"。一次，李纲在"临清湘门"检阅水军时，感慨地写下"五首七绝以志之"[②]：

其一

车船新制得前规，鼓蹈双轮势似飞。

创物从来因智者，世间何事不由机。

---

① 《宋李忠定公文集选》卷首四《行状下》。
② 《宋李忠定公文集选》卷二二《诗序》。

其二

战舰初成阅水军，旌旗戈甲照湘滨。

潭人未认舟师制，叹息工夫若鬼神。

其三

长江巨浸虽天设，控制堤防本在人。

暇日不为坚守计，临危何以扼通津。

其四

曹瞒百万瞰江滨，谁遣孙郎会解纷。

满眼旌旟风浪里，景升方觉是鸡豚。

其五

刘裕当年西入关，楼船浮渭取长安。

不施舻棹争先进，坐使秦人破胆看。

于是，他便向朝廷上疏，指出：荆、湖地区，自古以来是用武之地。南宋欲确保东南，控制西北，"当于鼎、澧、荆、鄂，皆宿重兵，使四方号令可通，襄、汉声援可接"。

李纲在长沙任上，惩办贪赃官吏、免除苛捐杂税，相应减轻人民的负担，安定人心，促使"流离归业"①；同时，又组建军队，训练水兵，做好备战，防御金兵南侵。他所

---

① 《宋李忠定公年谱》。

采取的抗金复国措施，深得民心，但是，却遭到朝廷的怀疑，右司谏刘棐向宋高宗赵构进言，"此乃藩镇跋扈之渐"①，如果让李纲任职太久，将使当地军民"独知有李纲，不知有陛下"，当地军民仅听宣抚司号令，目无朝廷，这对国家不利。接着，刘棐又诋毁李纲说，靖康初年在开封保卫战中，都统制姚平仲夜劫金兵军营失利，是李纲的过失；刘棐还诬蔑李纲伙同给事中吴敏，蒙骗宋徽宗赵佶，欺侮宋钦宗赵桓；刘棐还中伤李纲闲居福州期间，"招纳贿赂，移文江西，增益制书，方命矫制，不恤国事"，等等。右谏议大夫徐俯与吏部尚书沈与求弹劾李纲，要求朝廷罢免李纲。于是，在绍兴二年（1132年）十二月，李纲又被免职。此时，他感慨万千，写了首诗，抒发对宋高宗赵构的愤懑。在诗中，他说：

> 大将呼来若小儿，片言罢去复何疑。
>
> 才如颇牧犹遭谮，功似韩彭未免危。
>
> 往事几番蓂菲织，孤忠惟赖圣明知。
>
> 归欤久得山林趣，丹荔青蕉正是时。

---

① 《系年要录》卷六一。

次年之初，李纲又返回长乐（福建长乐）闲居。

闲居不忘国事

绍兴四年（1134年）四月，李纲接到宋高宗赵构的旨令，着手编撰《建炎时政记》。当年深秋完稿，付送国史馆收藏。

当年九月，金朝又纠合伪齐刘豫，发兵南侵。金兵五万多人马，由女真贵族完颜昌、宗弼率领，伪齐军队由刘豫之子刘麟率领。金、伪齐军队，绕开岳飞、吴玠的防区，自泗州（江苏盱眙东北）渡过淮河南侵。宋高宗赵构知悉敌情，惊慌失措，便与主和派的朝臣商议，准备逃跑避难。宰相赵鼎与参知政事沈与求等人，却劝谏宋高宗赵构"御驾亲征"。宋高宗赵构才仓促间派刘光世、韩世忠、张俊分别在建康（江苏南京）、扬州（江苏扬州）、当涂（安徽当涂）防守。

社稷临危，李纲愤懑之极，自己虽然被投置闲散，他却以国家前途为重，仍然上疏陈政，指出：伪齐敌军，大举南下，其境内空虚；他建议宋高宗赵构派遣岳飞率领大军，出其不意，直捣颍昌（今河南开封市西南）。这样，刘豫"必大震惧"，迫使敌军北撤，一旦敌人回救开封时，宋军随即追击，方可获得全胜。同时，可以乘机收复中原失地，这是上策。李纲还建议朝廷，诏令刘光世、韩世忠、张俊所部，各选派一支"精锐"军队，分别驻守战略要地；并派遣小股军队，频频出击，捣乱敌人后方，切断敌人粮食、军械供应，这就可以迫使敌人退兵，确保东南，以待时机，再兴师北伐，这是中策。但是，昏聩的宋高宗赵构，一贯主张向金妥协，偏安于南，对李纲抗金复国的建议，根本不予采纳。

同年十一月间，金兵、伪齐军队受到韩世忠等南宋爱国将领的打击，粮食也逐渐接济不上；加上伪齐士兵不愿为汉奸刘豫卖命，随时可能发生哗变，在这种情况下，于同年十二月间，金兵、伪齐军队不敢久留，匆忙北撤。

敌军撤退，李纲又上疏，劝谏宋高宗赵构不能贪图苟安，应把荆、襄一带地区，作为抗金北伐的基地，从而积蓄力量，以待时机，挥师北伐，收复山东、河南和陕西。但是，宋高宗赵构不敢冒犯女真贵族，一意妥协，向金乞和，偏安于南，甘当半壁江山的小皇帝。

绍兴五年（1135 年）二月，宋高宗赵构起用抗战将领赵鼎、张浚为左、右相。张浚到职后，便劝谏宋高宗赵构北伐伪齐刘豫，并努力筹划恢复中原。张浚主战抗金，李纲极力支持。同年闰二月间，闲居在长乐（福建长乐县）的李纲，又向宋高宗赵构上疏陈政，指出："窃愿陛下勿以贼马退遁为可喜，而以僭逆未诛、仇敌未报为可愤；勿以保全东南为可安，而以中原未复、赤县神州犹污于腥膻为可耻；勿以诸将屡捷为可贺，而以军政未修、士气未振，尚使狂寇得以潜逃为可虞，则中兴之期可指日而俟矣。"他劝谏宋高宗赵构树立雄心壮志，中兴复国，不要偏安于南，不然，会助长敌人嚣张气焰，同时还会尽失中原人民的抗金信心。李纲认为：如今，敌人被击退，朝廷应中断与金朝议和，振奋精神，信任辅弼，"公选人材"、"变革士风"、"爱惜日力"、"务尽人事"①，积蓄粮草，整军备战，随时准备兴师北伐，收复故土，以雪国耻。李纲这些抗金复国的政治主张，在朝中主战抗金的大臣中产生共鸣，因此，经张浚的推荐，在同年十月间，宋高宗赵构又起用李纲，授他为江西安抚制置大使兼知洪州（江西南昌市）。

江 西 救 荒

绍兴六年（1136年）三月二十三日，李纲"到江西任所"②，立即担负起救荒使命。

---

① 《宋李忠定公奏议选》卷九《奉诏条具边防利害奏状》。
② 《宋李忠定公年谱》。

当时，由于战争的破坏，女真贵族的烧杀、加上"流寇""军贼"掠夺，"继以旱灾，流移众而田莱多荒"[①]，江西境内，粮食严重欠收、绝收，粮价暴涨，每升（合 0.75 公斤）大米，价格高达一百三十四文（钱），广大黎民百姓，受饥挨饿，挣扎在死亡线上。李纲到达江西任所，便下令囤积粮米者粜卖，严禁粮米投机倒把活动，稳定社会秩序。同时，他又召集官吏、商人、市民，由他们推荐善于经营、又精明能干的人，筹措钱款，外出籴粮，运至灾区粜卖。对于流落街头、村尾的灾民，由各州县官吏，"通融斛斗，尽令给米收养"。在短短半年时间，先后赈济灾民五万九十二人。在救灾期间，李纲又命令历州（江西历州）官吏，"劝诱积米之家"[②]，减价出粜米、麦、谷计二十万八千一百二十四石五斗，从而使灾民安度荒年。

在赈济灾民的同时，又极力推行"营田"制度，劝勉"流离"的百姓归业，鼓励他们垦荒，发展农业生产，筹措军费，减轻朝廷经济负担。他主张南宋军队垦荒种地，由政府免费资助耕牛、农具、谷种，这样既可使军队自给一部分口粮，相应减轻政府的负担，又可以克服"诸军久习骄惰"的弊端。李纲下令各州县官吏，招募"流离"的百姓，

[①] 《宋李忠定公奏议选》卷十一《谢到任表》。
[②] 《宋李忠定公奏议选》卷十一《论赈济札子》。

垦荒种地，让政府拨给耕牛、农具，贷给谷种。凡是垦荒者，由政府贷给的钱粮，在当年秋收以后，"官为籴买"[①]；次年的收成，政府仅收三分之一；第三年的收成，政府仅征一半，剩余粮谷归垦荒者所有。"营田"之制，在江西得到推行，流民纷纷归业，荒原得到开垦，生产有了发展，粮价下跌，每升大米价格，由原来一百三十四文（钱），降至四五十文（钱），从而人心安定。

李纲救荒之举，使百姓安度荒年，政绩卓著，在绍兴七年（1137）农历正月，受到南宋朝廷的表彰。

此时，李纲虽然掌握江西大权，但是，朝廷仍然苟安于南，根本没有恢复失地的打算。于是，他怀着为国立功的愿望，频频上书陈政，尖锐抨击时弊，要求宋高宗赵构挥师北伐，抗金复国。这不但不能在抗金大业上有所建树，而且遭到朝中主和派的忌恨，侍御史石公揆、殿中侍御史金安节、右正言李谊等人提出弹劾，导致李纲落职。绍兴八年（1138年）农历正月，李纲又回到长乐（福建长乐）闲居。

---

① 《宋李忠定公奏议选》卷十《论营田札子》。

第九章　忧愤以殁

李纲在晚年期间，虽然被投置闲散，却时刻不忘国事，密切注视时局的发展。

绍兴六年（1136 年）九月，刘豫南侵，结果被宋军打得大败，充分暴露了这个傀儡政权的虚弱。原先，女真贵族立刘豫为"大齐"皇帝，用意是利用宋人打宋人，借以巩固对河北、河东的统治。如今，这个走狗既不中用，在绍兴七年（1137 年）十一月，女真贵族明令废去"伪齐"，监禁刘豫。时过不久，金朝内部产生意见分歧，一部分女真贵族主张暂时与南宋议和，准备把刘豫统治的河南、陕西地区交给南宋，而要求宋高宗赵构像刘豫那样向金朝称臣，贡纳岁币。这一阴谋，企图在宋朝取得军事上胜利的形势下，把南宋变成属邦。金熙宗完颜亶采纳了这一种意见，便派遣南宋在金朝的使臣王伦南归，向宋高宗赵构诱和。

女真贵族的诱和，正合南宋朝廷主和派的心愿，在绍兴八年（1138年）三月，宋高宗赵构起用金国派来的奸细秦桧作右相，为向金国投降作准备。此时，北宋的亡国之君宋徽宗赵佶，死在金国，于是，宋高宗赵构又派端明殿大学士王伦为计议使，借至金国迎"梓宫"（宋徽宗赵佶的棺木）和韦太后、宋钦宗赵桓为名，进行和议，准备称臣纳贡，遭到举国的反对。

这时，李纲闲居在长乐（福建长乐），身退心雄，未忘国事，就宋、金两国议和的形势、南宋的前途，作了详尽而精辟的分析，怀着沉痛心情写成《论使事札子》（《宋李忠定公奏议选》①卷一四），并冒着越职之罪，进奏朝廷。

在《论使事札子》奏疏中，李纲尖锐地指出：宋、金通使议和，"讲好息兵"，应该是"以礼为先"。令人气愤的是，金国使臣"乃以诏谕江南为名"，对宋朝"不著国号"，而是声称"江南"，不云"通问"，而曰"诏谕"，把南宋看成齐国一样的属邦。李纲便责问宋高宗赵构：这是什么礼节？

---

① 《李忠定公奏议选》被辑于明代，《论使事札子》一文，李纲的"宗裔李嗣玄评定"说："胡澹庵上高宗封事，其言可谓切矣。公（指李纲）此疏尤为沉痛。澹庵谏臣也，故多愤张之词；公为大臣也，其为虑周，其爱君笃，其言缴而婉，迫而可思。然澹庵封事，脍炙人口久矣，此疏秘五百年，至今日而始洩之，真千古快事也。"

李纲认为，宋朝自建国以来，已经二百多年，是个礼义之邦，堂堂大国。但是，在靖康末年，女真贵族攻陷汴京，掳去徽、钦二帝，扶植张邦昌为"大楚"皇帝，"国祚几绝"。庆幸的是，宋高宗赵构在臣民拥戴下，在南京（河南商丘）"入继大统"，业已十多年了，金国使臣竟敢凌侮中国，在宋朝历史上是从来没有的。这是什么原因呢？李纲在奏疏中，批评南宋君臣，没有中兴复国的决心，"不能自治自强，偷安朝夕，无久远之计"，一意屈服敌人，遣使乞和，"卑词厚币，无所爱惜"，从而助长敌人嚣张气焰。原先，宋高宗赵构总是借口：徽、钦二帝被敌人扣押，只好"为亲屈己，不得不然"。李纲认为：为了徽、钦免遭女真贵族杀害，南宋才不敢触犯金国，这勉强说得过去。但是，在去年春季，徽、钦二帝已经病故，南宋对金国就应该没有什么顾忌，宋高宗赵构就应该抱哀衔恤，"创巨痛深"。虽然没有力量兴师伐敌，"以报不共戴天之仇"，也不能向敌人屈服！李纲责问南宋当局：如今，金国使臣公然凌侮中国，南宋朝廷将有什么对策？！

《论使事札子》奏疏中，李纲告诫宋高宗赵构，"金人狡狯，动出计谋"；对女真贵族诱和阴谋，应该警惕，不要轻易相信。不然，"为国之患，非浅浅也"。李纲大胆批评宋高宗赵构，派端明殿大学士王伦为计议使，是用人不当。

他认为王伦是位"市井驵侩之才，左右卖国之伍"，如果朝廷相信王伦的话，正"如楚信张仪，以求商於之地也"，希望宋高宗赵构，借鉴这一历史事件。

接着，李纲指出：这次金国使臣南下，其阴谋有五个方面，一是要求宋高宗赵构跪接金国诏书，"降礼以听受"；二是金国使臣带有赦书，要南宋"颁示"各郡、县；三是金国必立约束，要宋高宗赵构"奉藩称臣"，听从金朝号令；四是要求增加岁币金额，在经济上使南宋"坐困"；五是"必求割地，以江为界"，欲把淮南、荆襄、四川地域划归金国所有。这五条之中，倘若答应其中一条，南宋就会"大事去矣！"其后果，李纲认为有五个方面：一是宋高宗赵构愿意降尊就卑，跪接金国诏书，从而确立了君臣之分，从此，南宋就是金国的属国。二是把金国赦书颁发至各郡县，天下军民就会知道南宋大势已去，士民之心将会离散。三是宋高宗屈尊就卑，奉藩称臣，听从金国号令，从此，南宋就是金国属邦，"而国势倾矣！"四是宋朝在"盛世"时期，每年纳给金国岁币一百五十万，"犹不能给"，如今，南宋仅有半壁江山，"财用鲜少，又有养兵之费"，财政负担"日益窘迫"，若要增加给金国岁币，是不可能的。五是淮南、荆襄、四川是固守东南战略要地，决不能"割让"，不然，就不能团结人心。李纲又再三告诫宋高宗赵构："金人变诈不测，贪婪无厌。"即使南宋答应金国提出的苛刻条件，奉藩称臣，女真贵族也不会因此罢休，随时还会有其他无理要求，例如："或使移易将相，或使改革政事，或竭取赋税，或朘削土宇"等。如果按金国旨意办事，暂时可以相安无事，否则"前功尽费，反为兵端"。届时，后悔莫及！

李纲认为，南宋虽然仅有半壁江山，但是臣民之心向着宋朝，在这种情况下，宋高宗赵构不应"遽自屈服，祈哀乞怜"。于是，他在奏疏中，反复例举历史上以少胜多、以弱胜强的典故，劝谏宋高宗赵构树立"中兴复国"的雄心壮志，决不能向金国屈膝投降。

李纲针对宋、金形势，主张终止和议，拘留金国使臣，"正王伦误国之罪"；要求宋高宗赵构"降哀痛罪己之诏"，检讨以前议和的过失，借"以激励天下臣民将士之心"，把输给金国的金帛钱财，用作"募敢死之士"的费用；这支军队，经训练以后，派驻边疆，防备敌人入侵。嗣后，南宋应固守江淮，"自治自强"，"进贤俊，退佞谀；修政事，明赏刑；治军旅，积金谷"，以待时机，挥师北伐，"光复大业"。李纲还指出：刘豫投敌八九年，终于被女真贵族废掉。他希望宋高宗赵构以此为鉴，别中金国诱和奸计。不然，后悔莫及。

《论使事札子》一文，"其言激而婉，迫而可思"①，表现出李纲卓越的政治见识和战略思想，反映了广大士民的呼声和愤怒。

与此同时，枢密院编修官胡铨上疏，要求宋高宗赵构斩秦桧、孙近、王伦；张浚连续五次上书，激切反对"和议"；韩世忠奏请拒绝和议，立即决战；岳飞奏称"金人不可信，和好不可恃"，直接指责秦桧："相臣谋国不臧，恐贻后世讥。"枢密副使王庶再次上书，说现在群众议论纷纷，这是和战存亡之际；兵部侍郎张焘、吏部侍郎晏敦等人联名上书，反对和议；馆职官员胡珵等人联名上书，揭穿金国的"和议"是"弛我边备"，"竭我国力"，"解体我将帅"，"懈缓我不共戴天之仇"②的阴谋。

反对和议舆论高涨，宋高宗赵构、秦桧却决心投敌卖国，相续罢免胡铨、王庶等大臣职务，起用主和派，控制反对和议舆论，不惜一切手段，一意投敌。

在绍兴九年（1139年）正月，秦桧代表宋高宗赵构拜受金国诏书，接受"和议"。金国把陕西、河南两地，"赐"给宋朝，宋向金称臣，每年纳贡银二十五万两、绢

① 《李忠定公奏议选》卷一四《论使事札子》附李纲后裔李嗣玄对该文评注。

② 蔡美彪等著《中国通史》第五册，第283页。

二十五万匹。金国归还宋徽宗赵佶和皇后的棺木。南宋朝廷又赦免张邦昌、刘豫的子孙，下令禁止斥责金国的文字和言论。因此，宋高宗赵构便在抗金获得胜利的有利形势下，成了金朝的属臣。

宋高宗赵构、宰相秦桧投敌成功，大肆庆贺，诏命百官进呈贺表，加官进爵。绍兴九年（1139年）二月间，宋高宗赵构又迁李纲为荆湖南路安抚大使、知潭州。此时，李纲看到和议已经达成，秦桧控制朝中军政大权，恢复中原无望，不肯受职，上章力辞："陛下（指宋高宗赵构）以一人誉召臣，以一人毁去臣，恐天下有识者有以窥陛下也。"[1]

自宣和七年（1125年）以来，李纲始终坚持主张抗战，不断遭到朝廷主和派打击、排挤和刺激。因此，每当与弟弟李纶谈起国家大事时，总是难过得惆怅叹息。这位只"知天下之有安危，而不知其身之有祸福"[2]的李纲，看到自己报国壮志难以实现，忧愤成疾，于绍兴十年（1140年）正月十五日，在福州楞严精舍逝世，终年五十八岁；葬于怀安县（福建闽侯）桐口大家山。

李纲生前著述甚丰，有《易传》内篇十卷、外篇十二卷，《论语详说》十卷，文章、诗歌、奏议百余卷，又

---

① 《宋李忠定奏议选》卷一四《辞免知潭州第三奏状》。

② 《（咸丰）邵武县志》卷九《祠庙·朱子〈李忠定公祠记〉》。

有《靖康传信录》、《奉迎录》、《建炎时政记》、《建炎进退志》、《建炎制诏表札集》、《宣抚荆广记》、《制置江右录》等。

附录：生平大事年表

宋神宗元丰六年（1083年）农历正月十二日生于秀州华亭（今上海市松江区）官舍。

元丰八年（1085年）继祖母饶氏夫人病故，李纲随父（李夔）返籍居忧。

宋哲宗绍圣三年（1096年）其父调至鄜延经略安抚司供职，李纲随父抵达任所。当时，西夏军队经常骚扰延安，年仅十四岁的李纲，披甲骑马，随宋军将士巡哨城堞，毫无惧色。

宋徽宗崇宁三年（1104年）"补国子监生第一"；同年，与直龙图阁张根之女结婚。

大观二年（1108年）任真州（治所在今仪征、辖境相当现在的江苏省仪征、六合县等）司法参军。

政和二年（1112年）中进士，授职承务郎，任相州（相当今河北省成安、广平西部）州学教授。

政和三年（1113 年）在镇江（今江苏镇江市）任职。

政和四年（1114 年）调任国子正；同年农历十二月，迁为尚书考功员外郎。

政和五年（1115 年）迁为监察御史兼殿中侍御史。因上疏言政，触犯权贵，在同年十一月，降职为尚书比部员外郎。

重和元年（1118 年）农历五月，授职太常寺少卿；同年八月，改任起居郎；同年十二月，兼任国史编修官。

宣和元年（1119 年）农历六月，汴京发生水灾，李纲奏进《论水灾事乞对奏状》、《论水灾便宜事奏状》，要求朝廷停止暴敛，疏通河道，加固堤岸，减免租税，赈济灾民，储备粮草，加强边防，预防外族入侵，从而触忤朝廷，被谪监南州沙县（福建省沙县）税。

宣和七年（1125 年）农历三月，复职太常寺少卿。同年六月，返回京城；同年十月，金兵南犯，进奏《御戎五策》、《捍敌十策》，要求宋徽宗赵佶下罪己诏书，挽回人心；任用贤能，罢退奸佞；减免赋税，消除民怨；动员百姓，坚壁清野；选任良将，把守要道；招募民兵，协同守城。同年十二月二十三日，宋徽宗赵佶采纳李纲的建议，"传位东宫"。宋钦宗赵桓登基，授李纲为兵部侍郎。

宋钦宗靖康元年（1126 年）正月初三日，李纲任行营司参谋官；四日，除尚书右丞；五日，改任亲征行营使，在开封保卫战中，力主抗战，反对议和，率领军民，抗金守城。二月初一日，统制姚平仲"夜劫金营"失利，李纲被罢职；二月初五日，东京太学生陈东等，在宣德门"伏阙上书"，在军民的压力下，宋钦宗赵桓被迫起用李纲，迁他为京城四壁守御使。金朝撤兵后，在二月十四日，朝廷迁他为知枢密院事，封开国伯；六月初二日，改任河北、河东宣抚使，领兵援救太原；七月出师怀州（河南武陟西南）；八月，被解除兵权，受诏进京；九月，降为观文殿大学士，以"专主战议，丧师费财"罪名，贬为扬州知府、提举杭州洞霄宫；十月，降为保宁军（今湖南湘西）节度副使，安置在建昌军（今江西南城县），随即流放至江州（今江西九江市）。

靖康二年（1127年）正月抵长沙（湖南长沙市），寓居漕厅翠霭堂；二月二十五日，《靖康传信录》完稿；四月，复职资政殿大学士兼知开封府，率湖南勤王军从岳阳登船出发，北上抗金，援救京城。在途中，知悉汴京失守，女真贵族掳去徽、钦二帝，扶植张邦昌为"大楚"皇帝。这时，李纲行至江宁（江苏南京市郊），平定周德叛乱。

宋高宗建炎元年（1127年）农历五月初一日，宋高宗赵构在南京（今河南商丘）即位，史称"南宋"。李纲进奏

《上皇帝封事》疏，提出恢复旧河山三条策略。中旬，宋高宗赵构迁他为正议大夫、尚书右仆射、兼中书侍郎、陇西郡开国侯。六月初一日到职，便针对南宋"对金妥协、偏安于南"的政治弊端，进奏《十议》：议国是、议巡幸、议赦令、议僭逆、议伪命、议战、议守、议本政、议责成、议修德。任相七十五天，实施抗金复国措施有：在河北置招抚司、河东置经制司，招抚义军，建立新军、制定军制；下令各路募兵、买马、劝民出财，以供军需；推荐宗泽任知开封府事兼东京留守、张所为河北西路招抚使、傅亮为河东路经制副使等；主张还都汴京、挥师北伐，收复失地、严惩汉奸等。八月初五日，改任银青光禄大夫、尚书左仆射兼门下侍郎；八月十八日，罢相，降为观文殿大学士、提举杭州洞霄宫。九月抵达镇江府（江苏镇江市）；十一月初二日，张浚论李纲十大罪状，从而被贬居鄂州（今湖北武昌市）。

建炎二年（1128年）十月，移居澧州（湖南澧县）；是月，撰《建炎进退志》；十一月，授单州团练副使，移居万安军。

建炎三年（1129年）二月至杭州，四月至桂林；五月抵达郁林（今广西玉林县），著《易传内篇》；八月行至雷阳（今广东），著《易传外篇》；十月，至琼州（海南岛省海口市）；十一月二日，赦还，返江苏无锡探亲。

建炎四年（1130年）年初，挈家眷回邵武（福建邵武市）暂居。二月，《易传外篇》完稿；三月，《易传内篇》完稿。三月二十五日，迁银青光禄大夫。

绍兴元年（1131年）居长乐（福建长乐县），三月，迁提举杭州洞霄宫。当时，寓居福州南台天宁寺松风堂。九月，迁资政殿大学士。

绍兴二年（1132年）正月，韩世忠率兵前往建州（福建建瓯县），镇压范汝为农民起义。韩路经福州时，他告诫韩"不要滥杀无辜"，挽救建州全城百姓性命。因此，有"芝城之父"称呼。二月初八日，迁为观文殿学士、荆湖广南路宣抚使兼知潭州（湖南长沙市）；五月初六日，从福州启行。李纲在潭州任上，招抚流民、惩办贪官、免除正税之外的杂税，收编步谅等义军，训练水兵，加强备战。十二月初八日，罢职。

绍兴三年（1133年）返长乐县（福建长乐县）闲居。

绍兴四年（1134年）五月，撰《建炎时政记》。冬，刘豫南犯，上防敌三策。

绍兴五年（1135年）闰二月，上疏朝廷，全面提出抗金复国意见。四月二十三日，在福州会见杨时。十月，除江南西路安抚制置大使兼知洪州。

绍兴六年（1136年）三月廿三日，抵南昌任所，开仓赈济饥民，境内遂安，流民归业。

绍兴七年（1137年）七月，以病辞职。八月，江南各地遇旱灾，上奏《乞益修政事札子》，要求朝廷减轻百姓负担，发展农业生产。

绍兴八年（1138年）闲居长乐县。三月，宋高宗赵构起用秦桧为相，派端明殿大学士王伦为计议使，前往金国议和。冬，进奏《论使札子》，要求朝廷拘留金国使臣，把王伦斩首，反对投敌，终止和议，卧薪尝胆，以图自强。

绍兴九年（1139年）二月，迁荆湖安抚大使兼知潭州，坚辞不受。

绍兴十年（1140年）正月十五日，在福州楞严精舍逝世，终年五十八岁；葬于怀安县（今福建省闽侯县）桐口大家山。